Christiane Rösinger

Liebe wird oft überbewertet

Ein Sachbuch

Fischer

2. Auflage Juni 2012
© 2012 S. Fischer Verlag GmbH, Frankfurt am Main

Satz: Dörlemann Satz, Lemförde
Druck und Bindung: GGP Media, Pößneck
Printed in Germany
ISBN 978-3-10-092946-4

INHALT

Winter

Frühling

Sommer

Herbst

Winter

»Glück? Bitt' sie, Fräulein, Glück gibts nicht. Überhaupt
gerade die Sachen, von denen am meisten g'redt wird,
gibt's nicht ... zum Beispiel die Liebe.«

ARTHUR SCHNITZLER, *Der Reigen*

Berlin, 30. November

Es wird kälter, der Dezember kommt. Ein langer kalter Winter soll es werden, keine heiteren Aussichten. Und doch ist alles so viel leichter als in den letzten Jahren, als doch regelmäßig Mitte Oktober schon die erste zarte Novemberdepression aufkam.

Der November ist aber auch eine schwierige Zeit: die Aussicht auf einen Berliner Winter, die echten und eingebildeten Leiden, die Phantomeinsamkeit. Gerade in den trüben Monaten kommt sie, die schwarze Krähe und krächzt ihr dummes Mantra: einsam, einsam, einsam!

Wenn alle Welt davon redet, der Sinn des Lebens wäre, sich zu verpaaren und fortan zu zweit durchs Leben zu gehen, was soll man da dagegenhalten? Es ist nicht einfach, einer so starken Ideologie zu entsagen.

»Liebe ist alles!«, kräht es einem von überall entgegen. »Love is in the Air!«, »Love is like Oxygen!«, »Das Größte aber ist die Liebe«, »Love is Everything«, »Liebe ist eine Himmelsmacht!«, »Love! Love! Love!«. Stellt man sich aber vor, wie es wäre, immer zu zweit zu sein – auf dem Sofa, im Bett, im Supermarkt, im Urlaub –, will man doch – wie früher bei der berühmten Werbung: Wäre Fernsehen zu zweit nicht viel schöner? – ein herzliches »Nein, Pfui Teufel!« ausrufen.

Warum also die saisonal auftretenden schlechten Ge-

fühle? Es ist der Druck der heteronormativen und paarnormativen Gesellschaft, die uns sagt: Die alleinlebende
Frau ist entweder jung, Single wider Willen und auf der
Suche nach einem Mann und amourösen Abenteuern
oder höchstens noch Krimischriftstellerin und lebt mit
Pferden und Hunden auf einem schlossähnlichen Anwe-
sen in England – aber nicht mit einem niereninsuffizien-
ten Kater in einer zugigen Altbauwohnung.

Zoologischer Garten, 5. Dezember

Heute hat Knut Geburtstag. Bei der RBB-Liveübertragung
aus dem Berliner Zoo servierte man ihm das obligatorische Eisbärengeburtstagsgeschenk, die Eistorte gespickt
mit Fisch, Gemüse, Weintrauben und Croissants. Der
Fanclub »Knut forever« sang ein Geburtstagslied, und
Reporter aus aller Welt waren da. Als die Eisbärendame
Giovanna ins Gehege gelassen wurde, stürzte sie sich
gleich auf die Eistorte und biss den armen Knut weg.
»Typisch Gianna!«, schimpften zwei ältere Zoobesuche-
rinnen in die Kameras. Schon seit Tagen wird ja in der
Knutpresse mit den Schlagzeilen »Knut hat's nicht mehr
gut« und »Knut fehlt der Mut« vom armen Prügelknaben
Knut berichtet, der in seinem neuen Gehege von den drei
gewaltbereiten Bärinnen drangsaliert wird. Gleichzeitig wird beklagt, wie sehr Jungs an den Schulen von zu
mädchenfreundlichen Lehrerinnen benachteiligt werden. Der arme Knut muss wieder für alles herhalten!

KNUT UND DIE RZB

Heute haben wir ja die traurige Gewissheit, dass Knut nicht mehr unter uns weilt. Eine Hirnerkrankung raffte den Justin Bieber der Tierwelt, das arme Tier, grade mal vier Jahre alt, dahin. Allerdings war es ja auch vor dem plötzlichen Tod schon ein wenig still um ihn geworden, nachdem die Berliner Tagespresse vergeblich versucht hatte, Knut in eine romantische Zweierbeziehung (RZB) zu drängen.

Der heilige Knut: am 5. Dezember 2006 von Eisbärin Tosca geboren und verstoßen, von Pfleger Thomas Dörflein hingebungsvoll aufgezogen, zum Publikumsliebling des Berliner Zoos avanciert und erneut verwaist durch den Tod des Ziehvaters. Es folgte eine Dianisierung der Trauer um den sympathischen Pfleger. Danach stieg höchstens noch mal eine verwirrte Zoobesucherin zu Knut ins Gehege, der inzwischen mit seinem unschön gelb verfärbten Fell auch schon ein wenig räudig aussah. Die großen, emotionalen Knutnachrichten lagen da schon Monate zurück: »Knut hofft auf eine Spätsommerliebe! Die aufgeweckte Eisbärin Giovanna, eine mollige Italienerin, soll aus dem Münchner Zoo Hellabrunn nach Berlin kommen.«

Die Knuthysterie und ihre Themen waren stets ein Gradmesser für gesellschaftliche Entwicklungen gewesen.

Lange bevor Knut geschlechtsreif war, hatte die Boulevardpresse die Polygamie-Wunschträume des kleinen Mannes auf den Eisbären übertragen: »Knut hat zwei Frauen! Knut soll Papas Frauen erben!«

Selbst seriöse Berliner Tageszeitungen unterstellten nun dem Eisbären den Wunsch nach einer RZB. Da konnte man bereits aufhorchen und die fortschreitende Verblödung der Welt erkennen, wenn schon Eisbären paarnormativem Druck ausgesetzt werden. Wenn den Einzelgängern unter den Raubtieren zarte Gefühle angedichtet werden, sich aber große Empörung regt, wenn der Unmensch ungerührt sechs lebende Karpfen verschlingt. Und das auch noch während Kinder zusehen!

»Knut ist wieder Single!«, hieß es, als Giovanna abreiste, ohne dass die beiden Bären das romantische Pärchenglück im Eisbärgehege vorgespielt hatten. Wenn man sich schon auf das Glatteis der tierischen Liebessemantik begibt – was hätte die mollige Italienerin Giovanna von einer Beziehung mit Knut gehabt? Knut war erwiesenermaßen ein schwer gestörter Egozentriker, die Ablehnung durch die Mutter und der frühe Verlust des Pflegevaters hatten zu Traumata und Bindungsunfähigkeit geführt, der Erfolg als Publikumsliebling hatte jede weitere sittlich-seelische Reifung verhindert. Was hätte Giovanna an Knuts Seite erwartet außer der Aussicht, schwierige Beziehungsarbeit verrichten zu müssen und als soziales Regulativ zu dienen? Nichts, nichts und wiederum nichts!

Berlin / Alexanderplatz, 15. Dezember

Berlin ist tief verschneit und winterlich, und alles sieht viel schöner aus als sonst. Es graut einem jetzt schon vor der Zeit, wenn mit dem Tauwetter die alte Hässlichkeit wieder zum Vorschein kommt. Aber erst mal zieht ein Schneetief nach dem anderen über die Stadt, und es wird einem zunehmend weihnachtlich zumute, was ja kein Wunder ist, bei den rund fünfzig Weihnachtsmärkten. Die Zeitungen sind voll von Markttests und Erfahrungsberichten, und der größte Weihnachtsmarkt am Alexanderplatz, eigentlich ein riesiger Rummelplatz, bekommt schlechte Noten. Die Weihnachtsmarktpuristen bemängeln, bei dem argen Halligalli bliebe die Besinnlichkeit von Zimtduft und Lebkuchen auf der Strecke.

Dabei gibt es keinen schöneren, besinnlicheren Anblick, als wenn es auf dem Weg von Kreuzberg nach Mitte aus weiter Ferne schon glitzert und blinkt, wenn die etwa 300 000 bunten Glühlämpchen des weltweit höchsten mobilen Riesenrads und des Kettenkarussells so heimelig ihr gleißendes Licht verstreuen. Zum Glück verabscheuen die Weihnachtsromantiker den Markt und bleiben ihm fern, dafür wird er von den jugendlichen Berlinern und Brandenburgern aus dem Umland sehr gut angenommen.

Neu ist dieses Jahr nicht nur die Doppellooping-Achterbahn »Teststrecke«, sondern auch ein 32 Meter hoher Erlebnistower.

L. hatte dazu im Internet recherchiert und ließ sich gestern trotz seiner Weihnachtsverachtung zu einer Begehung überreden. Aber ach! Hinter der bunten Glitzerfassade wartete dann, wie so oft, nur ein einmaliges Trasherlebnis: LCD-Leuchten auf Pappmaché, Dalís zerflossene Uhren, eine Rocker-Oma, die zur Melodie von »Highway to Hell« auf einem Motorrad herumjockelte, dazu eine autoritäre Stimme aus dem Off: »Setzen Sie jetzt Ihre Spektralbrille auf!« Aber auch mit Brille sah man nur verschwommene Lichter und stieß an Plastikstäbe, die von der Decke baumelten. Fremde seltsame Welt der Schaustellerei!

Als wir dann aber wieder so draußen im Schnee standen und die Hälse reckten, ganz nach oben schauten und uns die Schneeflocken ins Gesicht fallen ließen und zusahen, wie das Kettenkarussell »Star Flyer« auf 55 Meter hochgezogen wurde und dazu die mannigfaltigen Jauchzer und Schreie der vielen jugendlichen Scream Queens aus den anderen Fahrgeschäften hörten und einige ADS-Jugendliche mit und ohne Migrationshintergrund belauschten, die überlegten, ob sie zuerst Achterbahn und dann mit dem »Kotzrad« fahren wollten oder umgekehrt, da wurde uns doch ganz poetisch zumute und warm und weihnachtlich ums Herz.

Berlin, 31. Dezember

Das Geknalle draußen ist dieses Jahr gar nicht so schlimm wie sonst – ob das an der Krise liegt? Wo die Berliner, so klagt der Fachhandel, doch schon so an der Weihnachtsbeleuchtung gespart haben!

Es hat wieder ziemlich geschneit, die Leute stapfen durch den Schnee, wischen ihn in festen Lagen vom Auto, in manchen Straßen liegt er knöchelhoch, die Autos schleichen ganz bescheiden über die weiße Decke – der Schnee macht schon alles ein bisschen weniger sinnlos an diesem letzten Tag des Jahres. Wie viele Jahresenden meines Lebens wurden von dieser allgemeinen Silvesterverzweiflung geprägt, von sinnlosen Versuchen der Bewältigung bis zu dem dummen Vorsatz, allem zu entsagen und mit der Katze zu Hause zu bleiben! Und dann die darauf folgenden Mitleidsangebote. Was stand in den letzten Jahren nicht alles Verlockendes zur Wahl: Mit einem befreundeten Paar zu einem Schriftstellersilvestertreffen nach Brandenburg fahren, dort zwei weitere Paare treffen (von denen sich eines allerdings in Trennung befand, wie gleich beschwichtigend ergänzt wurde).

Oder von J. und J. zu einem anderen befreundeten Pärchen nach Schöneberg zum Raclette-Essen mitgenommen werden, wo noch ein anderes mir unbekanntes, aber angeblich sehr nettes und gar nicht so pärchenhaftes Pärchen dazukommen sollte. Eigentlich ist Silvester immer am besten, wenn man etwas zu tun hat und auf einer Bühne steht.

Warum bildet man sich denn immer ausgerechnet an

Silvester ein, das Alleinleben sei so schwierig, obwohl den Rest des Jahres über eigentlich gar nichts fehlt? Man sich mit Katze, Kind, Familie, mit jüngeren und gleichaltrigen Freunden, Band, Schnitzelgruppe, Ausgehgruppe, monatlichen Gala-Abenden und kollektiven Fernsehabenden gar nicht einsam fühlen kann?

Weil man sich die Außenansicht zu eigen macht. Weil etwas zu fehlen scheint, obwohl definitiv nichts fehlt. Weil die ganze zwangsverpaarte Außenwelt uns suggeriert, wir wären nicht normal, sondern eine traurige Ausnahme.

Oder vermissen wir vielleicht nur ab und an die Aufregung, die Sensation des Gefühls des Sich-Verliebens? Aber das haben die Pärchen um uns herum ja auch nicht.

Wie sagte T. (23) letztens: Am lustigsten war's eigentlich immer, als wir alle Singles waren.

PAARIDEOLOGIE –
DAS PAAR ALS LEBENSFORM

Das Pärchen an sich ist eigentlich eine ganz niedrige Lebensform und steht in der Artentabelle nur knapp über dem Einzeller oder dem Pantoffeltierchen.

Aber diese biologische Tatsache darf man nicht laut aussprechen, sonst gilt man als verbittert, neidisch und zu kurz gekommen. Denn jedes Pärchen, ist es auch noch so unglücklich, kann noch mitleidig auf die Alleinlebenden schauen, und auch wenn autonom lebende Menschen manchmal insgeheim von den wandelnden Pärchenhöllen beneidet werden, sie verstecken den Neid gut und machen ihre Ambivalenzen mit sich alleine aus.

Während doch allgemein bekannt ist, dass Menschen in der Masse verblöden und die Masse immer nur so klug wie ihr dümmstes Mitglied ist, wird die ergebnisoffene Paarforschung in unserer pärchenzentrierten Gesellschaft behindert. Eines steht aber ohne Zweifel fest: Das Pärchentum bringt immer die schlechtesten Eigenschaften des Einzelnen nach oben und produziert deshalb am laufenden Band unglückliche Paare, die wie geprügelte Hunde nebeneinander durchs Leben schleichen. Trauerumflorte Gestalten, die man nur in wenigen Augenblicken, wenn der Partner nicht da ist, kurz und heimlich aufatmen sieht. Menschen, die wie Steine nebeneinander sitzen, die in Pizzerien verzweifelt das Besteck streicheln, um sich nicht anschauen und miteinander sprechen zu müssen. Es ist absurd: Autonome Menschen tun sich freiwillig zusammen und werden zu mobilen Paargefängnissen, sind dabei aber verzweifelt bemüht, die Illusion einer glücklichen Beziehung aufrechtzuerhalten. Die unangenehmsten Vertreter dieser Spezies greifen zum aggressiven Selbstmarketing, ihnen sollte man lieber aus dem Weg gehen. Allgemein gilt: Dort, wo die größte Einigkeit vorgeführt werden muss, kriselt es am heftigsten im Pärchenhimmel.

Ihr denkt, ihr seid im Märchen und seid nur blöde Pärchen.

Die ganz Verzweifelten haben dann sogar noch Angst, dass man ihnen den zutiefst unattraktiven Partner ausspannen will, und brechen vorsichtshalber nach erfolgter Paarbildung den Kontakt zur Außenwelt ab. Weil aber selbst die fleischgewordene Pärchenlüge ab und an etwas mit anderen Menschen unternehmen will, bietet sich die Pärchen / Pärchen-Variante – die Potenzierung des Schreckens – als gegenseitiger Nichtangriffspakt an.

Als professionelle Paarkritikerin wird man natürlich oft angefeindet. Klar, denn stellt man das Paar an sich in Frage, stürzen ganze Lebenslügen wie Kartenhäuser zusammen. Am Pärchenwesen und der heiligen Ehe, da hängen Lebensprojekte, Firmen, Bausparverträge, Doppelhaushälften, Finanzierungsmodelle dran. Und natürlich die Kinder! Die Kinder, die Kinder, die Kinder, die Kinder, die Kinder!!!

Das Erste, was fanatische Pärchen der Kritikerin entgegenschleudern, ist deshalb: »Du bist ja nur neidisch, weil du Pech gehabt hast, weil du selbst nicht fähig bist, eine Beziehung zu führen!«

Dieses Argument ist leicht zu entkräften. Man beschreibt nur, was man sich bei anderen Pärchen ansehen muss, berichtet aus dem eigenen autonomen Leben, und selbst die festzementierten Ansichten der Paarfundamentalisten kommen ins Wanken. Seltsamerweise lassen Frauen beim Thema Pärchenlüge grundsätzlich eher Kritik zu als Männer. Manche bekommen sogar einen träumerischen Gesichtsausdruck, wenn man über die Vorteile des Alleinseins spricht.

Die zweite Entgegnung der Paarapologeten lautet gerne: Du bist verbittert! Vielleicht bist du gar nicht liebesfähig!

Oder: Du hast ein zu hohes Ideal! Du hast nicht verstanden, dass nach der kurzen Zeit der romantischen Liebe erst die echte Liebe kommt, die man sich verdienen muss.

Ja, Liebe ist Arbeit, dieser Punkt wird in der heterosexuellen Zwangsmatrix immer wieder angeführt. Aber erwarten wir nicht auch von der Arbeit, dass sie uns halbwegs ausfüllt und wenigstens ab und an ein wenig glücklich macht?

Auf dem Arbeitsfeld Liebe und Partnerschaft gibt es zahlreiche Spezialisten, die mit der Arbeit am Mythos Beziehung ihren Lebensunterhalt verdienen. Der größte Einfluss auf Partnerschaftsbilder geht heute nicht mehr von kirchlicher und staatlicher, sondern von psychologischer, therapeutischer und medialer Seite aus.

Zur Liebe haben eben alle etwas zu sagen, da gibt es Experten aller Berufszweige: Therapeuten, Biologen, Psychologen, Psychoanalytiker, Hirnforscher, Chemiker, Soziologen, Wissenschaftsjournalisten, Geistliche, Ratgeberautoren, Anthropologen, Liebesforscher, Sexualwissenschaftler, Feng-Shui-Berater, Flirt-Coaches, Single-Trainer, Tantra-Lehrer.

Die Anthropologen zum Beispiel beweisen, je nach Forschungsziel und paarideologischer Ausrichtung, dass der Mensch monogam geboren ist, bringen Beispiele von den südamerikanischen Yanomami-Indianern, den Babyloniern und Hebräern, die angeblich schon in Einehe gelebt haben. Erwiesene Tatsachen wie die, dass zum Beispiel in Sparta, in Rom und bei den Germanen Menschen mehrere Geschlechtsbeziehungen nebeneinander hatten, auch wenn Kinder zusammen aufgezogen wurden, werden geflissentlich außen vor gelassen.

DIE ZEHN PÄRCHENLÜGEN

Um in Zukunft den Lügen und Halbwahrheiten der Pärchenlobby etwas entgegensetzen zu können, ist es daher wichtig, sich der allgegenwärtigen Pärchenlüge bewusst zu werden.

Die Pärchenlüge umfasst eigentlich einen ganzen Lügenkomplex, sie ist das Haus der Lüge, unter dessen Dach sich mehrere andere Lügen eingenistet haben: Fassen wir also an dieser Stelle einmal die größten Pärchenlügen zusammen.

1. Die Paarlüge

Das Paar an sich ist die beste Lebensform, der Mensch kann sich nur als Teil eines Paars voll entfalten.
Die Realität:
Das Pärchentum ist eine sehr anfällige, instabile, auf wackeligen Kompromissen beruhende Organisationsform, die in den meisten Fällen nur aufrechterhalten werden kann, wenn einer der Partner seine Bedürfnisse unterdrückt und sich dem anderen unterordnet.

2. Die Partnerschaftslüge

Das Paar, wie es sein soll, bleibt ein Leben lang zusammen, ist sich gegenseitig Stütze und bester Freund und genießt auch nach zwanzig Jahren Beziehung im-

mer noch mehrmals wöchentlich leidenschaftlichen
Sex miteinander.

Die Realität:

Dieses Ideal wird natürlich so gut wie nie erreicht,
denn die Idee dauerhaft leidenschaftlicher Partnerliebe ist ja a priori ein unauflöslicher Gegensatz.

3. Die Kinderlüge

Auch wenn die Beziehung keinen Spaß mehr macht
und mühsam ist – wegen der Kinder muss man zu-
sammenbleiben, sie bekommen sonst einen Schaden.

Die Realität:

Das Unglücksdreigestirn Vater-Mutter-Kind ist oft der
Quell einer traurigen Kindheit. Viele Eltern verstehen
sich nach der Trennung besser und begegnen einander mit größerem Respekt, das freut auch das Kind.

4. Die Neidlüge

Paarkritikerinnen und Singles sind ja nur neidisch,
weil sie Pech gehabt haben, weil sie nicht fähig sind,
eine Beziehung zu führen. In Wirklichkeit wünscht
sich jeder Mensch nichts sehnlicher als Teil eines Paares zu sein.

Die Realität:

Wie kann man oder frau neidisch auf eine unterent-
wickelte Lebensform sein, bei deren Anblick man nur
immer wieder ein tiefempfundenes »Aber so leben –
nein, danke!« ausrufen will?

5. Die Naturlüge

Das Pärchentum – die Einehe – ist die natürliche Lebensform des Menschen. Das war schon immer so.

Die Realität:

Man weiß doch längst: Sexualität und Partnerschaft gehören nicht unauflöslich zusammen, sondern richten sich nach ökonomischen Notwendigkeiten, die Idee der romantischen Liebe entstand erst im 18. Jahrhundert.

6. Die Tierlüge

Selbst Tiere leben als Paar zusammen und bleiben sich manchmal ein Leben lang treu!

Die Realität:

Während tatsächlich 90 % aller Vogelarten monogam leben, ist die Einehe unter Säugetieren, zu denen bekanntlich auch der Mensch gehört, eher die Ausnahme. Lediglich 3 % aller Säugetiere leben in einer festen Paarbeziehung. Und bei unseren engsten Verwandten, bei den wie wir zu den Primaten gehörenden Menschenaffen, leben fast alle Arten polygyn – das Männchen paart sich mit mehreren Weibchen.

7. Die Techniklüge

Durch Praktiken und Übungen kann jedes Paar zu einer erfüllten Sexualität kommen. Sex kann mit gutem Willen und Anstrengung unter der Aufsicht von Sexualwissenschaftlern, Psychotherapeuten und Esoterikern erarbeitet werden.

Die Realität:

Wenn das Begehren fehlt, hilft auch die beste Technik nix. In der Geschichte der Liebe wird von jeher die eheliche von der leidenschaftlichen Liebe getrennt. Auch die Einehe funktioniert nur mit angeschlossenem Konkubinat.

8. Die Erlösungslüge

Die gemeinste aller Pärchenlügen: Man muss nur den richtigen Partner, die richtige Partnerin finden, dann sind alle Bedürfnisse – ganz gleich ob geistiger, emotionaler oder erotischer Natur – dauerhaft erfüllt, ist der Sinn des Lebens gefunden. Endlich im Pärchenhimmel angekommen, kann eigentlich nichts mehr schiefgehen.

Die Realität:

Dem Tod kann niemand entrinnen. Die Betriebsamkeit der Welt dient nur dazu, die Tatsache zu verschleiern, dass wir alleine geboren sind und alleine sterben müssen. Man kann sich in Liebesabenteuer oder Pseudofreundschaften flüchten, um der Einsamkeit abzuhelfen – es wird nicht gelingen.

9. Die Arbeitslüge

Liebe ist Arbeit. Nach der kurzen Zeit der Verliebtheit muss man sich die wahre Liebe erarbeiten.

Die Realität:

Ganze Berufszweige leben von der Arbeitslüge. Tatsache ist aber, wenn Liebe zur Arbeit wird, macht sie unglücklich.

10. Die Sexlüge

Liebe und Sexualität sind untrennbar miteinander verbunden. Wer den anderen nicht begehrt, liebt ihn nicht wirklich.

Die Realität:

Sex wird wie Liebe oft überbewertet. Das Thema »Kein Sex« ist so tabuisiert, dass kaum jemand offen über die tatsächliche Sexfrequenz spricht. Fest steht: Gerade in längeren Beziehungen spielt Sex so gut wie keine Rolle mehr.

Berlin, 6. Januar

Berlin ist Westsibirien. Es liegt immer noch so viel Schnee, seit Wochen stapft man jetzt schon durch die Straßen, sogar der ganze Silvesterdreck wurde unter der Schneedecke begraben, und die Besucher aus den ordentlicheren Weltgegenden wundern sich: »Bei euch wird ja gar nicht geräumt!« Tatsächlich fühlt sich in Berlin keiner so richtig für Schnee und Eis verantwortlich, man ist sich uneinig, wer räumen müsste – die Hausbesitzer oder die Stadt? Der gute alte Hausmeister heißt jetzt Facility Manager, betreut Hunderte von Mietshäusern und hat in den meisten Fällen den Schneeräumdienst an eine Billigfirma outgesourct. Deren Preise und Personal sind für milde Winter kalkuliert, sie kommen nicht nach. So ist es zum Eisnotstand gekommen, und mit Sondersendungen, Beschwerdetelefonen und Expertenrunden versucht man der Lage Herr zu werden.

Was am Anfang ein schöner Ausnahmezustand war und ein bisschen Abwechslung in den Berliner Trott brachte, wird mit der Zeit aber doch recht lästig.

Mitte Dezember entstand eine Schicht aus mehrfach überfrorenem und festgestampftem Schnee, die Gletscher auf den Gehwegen kalbten immer wieder aufs Neue. Tausende von Fußabdrücken wurden in Schnee und Matsch getreten, dann aber froren die Abdrücke zu extrem hartem Eis, eine tückische und effektive Falle für Knöchel und Gelenke! Seit Wochen verlassen ältere und gehbehinderte Menschen ihre Wohnung nicht mehr, und in den Notaufnahmen der Krankenhäuser werden täglich über hundert komplizierte Knochenbrüche eingeliefert. Inzwischen hacken einzelne Geschäftsleute das Eis vor ihren Geschäften mit Pickeln auf, am Potsdamer Platz wurden zu Ehren der Berlinale Schlagbohrer eingesetzt.

Berlin, 19. Januar

Es hat getaut, es ist grau, fad, matschig und kalt, und das Ausgehen ist schwierig. Vor allem, wenn man in dieser trüben Zeit des Jahres an einem leichten Welt- und Eventekel leidet und in den Straßen gerade mal wieder die unglückselige Fashion Week tobt.
Wo man hingeht Mode und Models. Da könnte man natürlich jammern und heulen und fluchen, könnte über die Blödheit der Modewelt, über Models in dummen Klamotten, die die städtische Landschaft verschandeln, und andere Scheußlichkeiten wie asymmetrische Frisuren und Deppenponys, experimentell tiefsitzende Bund- und Haremshosen lamentieren – aber das Jahr ist noch so neu, da muss man doch noch ein bisschen positiv denken.
Der schlimmste, traurigste Tag des Jahres liegt ja angeblich schon hinter uns. Es war der letzte Montag. Der traurigste Tag des Jahres, das haben nämlich englische Forscher, genauer gesagt, ein Gesundheitspsychologe

der Universität von Cardiff errechnet, ist nämlich immer der dritte Montag im Januar, der »Blue Monday«. Andere Quellen behaupten, die britische »Optimisten-Gesellschaft« habe den Zeitpunkt der größten Traurigkeit mit Hilfe einer mathematischen Formel berechnet. Die Formel berücksichtigt unter anderem die postweihnachtliche Schwermut und das Wetter: Wenn man zur Arbeit geht, ist es dunkel, wenn man nach Hause kommt, auch; Schulden, die man wegen Weihnachten gemacht hat, drücken. Das Wetter ist kalt oder nass oder beides, der Winter dauert an, der Urlaub, der Sommer sind in weiter Ferne. Die Vorsätze fürs neue Jahr sind bereits wieder über den Haufen geworfen worden, die erste Diät war erfolglos, das Geld wird knapp.

$$\frac{[W + D - d]T^Q}{MN_a}$$

W = weather, d = debt, T = time since christmas, Q = time since failing our new year's resolutions; M = low motivational levels, N_a = the feeling of a need to take action; D = not defined

Aber was ist mit all den Menschen, auf die das nicht zutrifft? Die, die nicht früh aufstehen müssen, die wegen Weihnachten keine Schulden gemacht und sich für das neue Jahr gar nix vorgenommen haben? Warum wurden sie in der Formel nicht berücksichtigt?

Die genaueren Nachforschungen haben ergeben, dass die Sache mit dem traurigsten Tag des Jahres im Jahr 2005 von einer englischen Werbeagentur im Auftrag von Sky Travel, einem Satellitenkanal, lanciert wurde. Die Wissenschaftler der Universität Cardiff haben sich längst von einem Exkollegen distanziert, der gegen Entgelt seinen Namen für die Kampagne zur Verfügung gestellt hatte.

Das heißt also, man muss in Berlin nicht nur diese saublöde Fashion Week aushalten, sondern der traurigste Tag des Jahres steht unter Umständen noch bevor.

WAS MENSCHEN TRAURIG MACHT

Andererseits glaube ich, die Zeit der großen Traurigkeit ist bei mir endgültig vorbei. Vielleicht ist es ja eine weitere große Lüge, dass der Mensch im fortgeschrittenen Alter trauriger wird, dass die Jugend die lustigste Zeit des Lebens ist und es ab vierzig stimmungsmäßig bergab geht.

Früher war ich viel trauriger als heute. Aber mit den Jahren hat sich die jugendliche tiefe Schwermut zu einem Bewusstsein der allgemeinen Sinnlosigkeit gemildert, das man wiederum durchaus mit Heiterkeit ertragen kann.

Schlimme Zeit der Jugend, weil doch gerade der noch unreife junge Mensch gerne denkt, es würde sich etwas ändern, wenn nur jemand kommt und in sein Leben tritt – als würde man durch den Zustand der Verliebtheit der allgemeinen Sinnlosigkeit entgehen.

Was war ich früher immer traurig! All die melancholischen Spaziergänge allein am Sonntagnachmittag zum Flohmarkt, wo die ganzen blöden Paare Hand in Hand durch den ganzen Schrott gingen, Berge der hässlichen, stinkenden Second-Hand-Klamotten durchwühlten, verzückt vor verkeimten Fünfziger-Jahre-Nähkästchen stehen blieben oder die Typen sich niederknieten, um die Vinylstapel durchzusehen.

Aber auch all die trostlosen, einsamen Momente zu zweit, die Unmöglichkeit, wirklich verstanden zu werden, der Trott, das Alltagsleben in der Beziehung, die schlimmen leeren Stunden, die enttäuschten Erwartungen!

Den jungen Menschen kann ein unerwarteter Frühlingsgeruch schon traurig machen, ein wehmutsvoller Sommerwind, das Nahen des Herbstes, das Alleinsein an Silvester, am Geburtstag, im Frühling, Sommer, Herbst und Winter, der Anblick von jungen Tieren und alten Menschen, das Zu-sich-Nehmen von geistigen Getränken und verbotenen Substanzen. Ein einsamer Gang durch die Natur kann ihn ebenso wie ein fröhliches Fest in eine tiefe Lebenskrise stürzen. Die Abwesenheit von Liebe ist schlimm für ihn, dann aber auch ihre Anwesenheit, die Gefühlsunsicherheit, die Verantwortung für einen anderen Menschen, die Abhängigkeit! Aber auch die Unabhängigkeit, die allzu große Freiheit, die vielen Möglichkeiten bei gleichzeitiger Ausweglosigkeit der Lage und Sinnlosigkeit menschlichen Strebens machen den jungen Menschen traurig.

Ein Riesenvorteil des Älterwerdens ist das Nachlassen der Einsamkeit und die Erfahrung, dass es auch eine heitere, aufbauende Einsamkeit gibt. Nach allgemeinem Verständnis betrifft die selbstgewählte Einsamkeit nur Eremiten, Klosterinsassen, Leuchtturmwärter, Einhandsegler, verrückte Wissenschaftler oder exzentrische Schriftsteller, Zen-Mönche und Yogis. Wer außerhalb dieser Personengruppen gerne einsam ist, gilt als plemplem und unsozial. Und Medien, die immer wieder das Bild vom Menschen, der nur zu zweit so richtig glücklich sein kann, malen, hinken der Realität hinterher. Denn immer mehr Menschen genießen das Alleinsein vor allem in der zweiten Lebenshälfte, ganz entgegen dem weitverbreiteten Mythos von der drohenden Alterseinsamkeit des Singles. Dieser Mythos lautet ungefähr so: Das Singleleben ist lustig, wenn man jung ist, aber dann ab Mitte dreißig rächt es sich bitter! Wer sich in jungen Jahren zu fein war für Beziehungen, wird es später bitter bereuen und das traurige Alter in Einsamkeit und Isolation verbringen. Zum Glück ein Mythos.

Der junge Mensch hingegen ist oft sehr traurig, wenn er in den beziehungslosen Zeiten länger mal allein im Bett schlafen muss. Aber: Je länger man allein im Bett schläft, desto mehr genießt man es.

Muss man das Bett dann wegen einer Beziehung eine Zeitlang sogar noch mit einem Mann teilen, sinkt die Schlafqualität rapide, und man freut sich umso mehr, wenn man nach dem Schlussmachen das Bett wieder für sich hat.

Liebe männliche Leser, das soll kein Affront gegen euch sein, aber es ist nun mal wissenschaftlich erwiesen, dass Frauen besser allein schlafen, Männer besser zu zweit.

WIE FRAUEN UND MÄNNER SO SCHLAFEN

Zwar sollte man immer sehr vorsichtig sein, wenn zur Erklärung von Geschlechterunterschieden der Urmensch herangezogen wird. Aber die Schlafforschung geht davon aus, dass die Urmenschen in Gruppen schliefen, um sich sicher und geborgen zu fühlen. Der heutige Schlafplatz des Mannes – nämlich an der Seite der Frau – gehörte früher dem jüngsten Kind, über das die Mutter in der Nacht wachte. Der moderne Mann schläft also wohlbehütet neben seiner Partnerin, während diese bei jeder größeren Bewegung in Alarmbereitschaft gerät.

»Frauen schlafen wesentlich besser, wenn niemand neben ihnen im Bett liegt. Sie sind empfindlicher und werden schneller wach mit einem Mann neben sich. Wenn es ums Schlafen geht, sind Männer robuster«, erklärt Diplom-Psychologe Michael H. Wiegand, Leiter des Schlafmedizinischen Zentrums der Technischen Universität München. Männer dagegen schlafen tiefer und besser, wenn sie neben ihrer Frau oder Freundin liegen. Das in unseren Schlafzimmern obligatorische Doppelbett ist eine späte Erfindung des westlichen Kulturkreises und symbolisiert Intimität und Nähe. »Der optimale Schlaf ist allerdings der, bei dem wir ganz allein liegen«, sagt Herr Wiegand.

Warum opfern dann Frauen ihre Nachtruhe? Weil der gemeinsame Schlaf ein wichtiges Beziehungsritual ist und getrennte Schlafzimmer als Ausdruck einer erkalteten Partnerliebe gelten. Und Frauen ist in den meisten Fällen das Beziehungsritual wichtiger als das eigene Bedürfnis. Weil es Frauenpflicht ist zu lieben und Beziehungsfrauenpflicht ist, das Du wichtiger zu nehmen als das Ich. Die Schlafforscher raten dazu, eine eigene Schlafkultur auszuhandeln – wer sich nicht einigen kann, bekommt ein eigenes Bett. Denn so sehr Pärchen auf die gemeinsame Nacht bestehen, so ungesund ist sie.

Selber schuld!, sagt da die Paarkritikerin. Bezeichnenderweise wird auch in vielen Single-Erfahrungsberichten ausgiebig vom Vorteil eines eigenen Bettes geschwärmt, in dem die alleinstehende Frau endlich Schokolade essen und krümeln darf. Vielleicht haben diese Frauen aber nur zu viele Bridget-Jones-Romane gelesen?

Der französische Soziologe Jean-Claude Kaufmann untersucht in seinem fragwürdig betitelten, aber hochinteressanten Buch »Singlefrau und Märchenprinz – Warum viele Frauen lieber alleine leben« das weibliche Single-Dasein. Sein Forschungsgegenstand sind 150 Leserbriefe an die Frauenzeitschrift »Marie Claire«. Kaufmann hat sie ausgewertet und dabei festgestellt, dass die Lebensform Single genauso gut emanzipatorische Unabhängigkeit wie einsames Warten auf die Erfüllung von Träumen bedeuten kann.

Ein ganzes Kapitel hat er den »Orten des Unbehagens« für Singles gewidmet. Auch beim Bett, dem Symbol für das Paar, war er davon ausgegangen, dass es für die alleinstehende Frau ein problematischer Ort ist. Aber es stellte sich das Gegenteil heraus. Das Bett, so Kaufmann,

ist für die Singlefrau ein weiches, verbündetes Möbel-
stück zum Träumen, Lesen, Telefonieren, Arbeiten, Essen. Das Bett allein zu bewohnen wird auf der Liste der
weiblichen Freuden des Alleinseins besonders oft genannt. Kaufmann nennt diese Tätigkeiten »regressive
und freiheitliche Gehorsamsverweigerung«. In den Brie-
fen ist häufig die Rede vom Ausschlafen bis in den späten Vormittag, von dicken Socken, ausgeleierten T-Shirts
und vom Schokolade-Naschen.

Dem Soziologen scheint dies fast ein wenig zu viel des
Guten: »Sollte sich das intime Leben alleinstehender
Frauen tatsächlich auf dieses Bild reduzieren? Ist es
tatsächlich möglich, dass Nachlässigkeit der Kleidung
und Schokolade-Naschen den Zeitplan füllen?«, fragt er
sich.

Doch dann sieht er in diesen Gesten der häuslichen Revolte eine zentrale symbolische Bedeutung. Sie treten in
den Vordergrund, weil sie die greifbaren Zeichen einer
weitergehenden, umfassenderen Freiheit sind, die nur
schwer in Worte zu fassen ist. Kaufmann sieht in diesen
Gesten nichts weniger als das Zurückschlagen jahrhun-
dertelanger weiblicher Aufopferung.

Berlin, 14. Februar

Nachdem man nun schon seit zwei Wochen damit ge-
quält wurde, ist es jetzt also endlich so weit: Valentinstag.
Kann es sein, dass es von Jahr zu Jahr schlimmer wird?
Valentinspartys mit »Love Songs«, Valentins-Specials in
Restaurants und Autohäusern, rote Herzen und Bänder
in jedem Schaufenster. Selbst in der Kosmetikabteilung
des Biomarktes wird man damit belästigt: »Sinnliche
Düfte und verwöhnende Pflege zum Valentinstag!« Wie
tief will der Mensch noch sinken?
Letztes Jahr hatte sich am Brandenburger Tor wenigstens noch ein Flashmob getroffen, um mit einem »Kiss-
In« gegen die Kommerzialisierung des Valentinstags zu
protestieren. Aber dieses Jahr regt sich kein Widerstand
gegen die aus den USA und England importierte Unsitte.
Der Irrglaube an die romantische Zweierbeziehung (RZB)
ist eben weltweit fest verankert, und die bei allen Schre-
cken auch bequeme Paar-Ideologie zeigt am Valentinstag ihre schrecklichste Fratze.
Die Tradition des Valentinstages wird heute zumeist auf
die antike Legende von Valentin von Terni zurückge-
führt, der als Bischof der italienischen Stadt Terni einige
Verliebte christlich getraut hatte, darunter Soldaten, die
nach damaligem kaiserlichen Befehl unverheiratet bleiben mussten. Angeblich hat er den frisch verheirateten

Paaren Blumen aus seinem Garten geschenkt, was sich günstig auf die Ehen auswirkte. Aber ihm selbst brachten die Blumengeschenke kein Glück, auf Befehl des Kaisers Claudius II. wurde er am 14. Februar 269 aufgrund seines christlichen Glaubens enthauptet – wegen der heutigen verlogenen Valentinstagsbräuche kann ihm also kein Vorwurf gemacht werden. Denn allgemein bekannt wurde der Valentinstag erst etwas später durch die verstärkte Werbung der Floristen- und Süßwarenindustrie.

So schlimm es in Berlin ist, in Paris ist es noch ärger. Das war dieser Tage einem »People-Magazin« zu entnehmen. Der Pariser Bürgermeister hatte nämlich im Zuge des Stadtmarketings zum Valentinstag städtische Leuchttafeln für privat-intime Bekenntnisse der Pariser Bürger freigegeben. Die konnten bis zu 160 Zeichen per SMS einsenden, die schönsten Sprüche sollten dann am Valentinstag auf den Leuchttafeln erstrahlen. Auf der Internetseite des Rathauses warb man für die Aktion: »Sie sehen ihn jeden Morgen in der Metro. Er stellt sein Rad neben ihrem ab. Sie gehen in dieselbe Bäckerei – aber Sie haben nie gewagt, ihn anzusprechen.«

Da kann man nur froh sein, wenn man nicht in Paris, der Stadt der Liebe, sondern in Berlin, der Stadt der Ruppigkeit und schlechten Laune, wohnt.

Ein bisschen übertrieben haben es mal wieder die Russen. Presseberichten zufolge sagten die Behörden der Stadt Belgorod aus Sorge um die »spirituelle Sicherheit« alle Veranstaltungen zum Valentinstag ab.

Zivilisierter geht es in Finnland zu. Dort wird der Valentinstag als »Freundschaftstag« gefeiert, an dem man –

meist anonym – denen, die man sympathisch findet, Karten schickt oder kleine Geschenke übermittelt. Dieser »Freundschaftstag« ist gegenüber dem angelsächsischen oder kontinentaleuropäischen »Valentinstag« deutlich enterotisiert. Die finnische Lösung ist doch sehr sympathisch, überhaupt wäre es erfreulich wenn die Freundschaft in unserer Gesellschaft eine ähnliche Bedeutung wie die überbewertete Liebe erlangen könnte. Sie ist doch als Konzept viel vielversprechender, leichter praktikabel, robuster und langlebiger als die tumbe Liebe.

Es gibt an diesem schrecklichen Valentinstag aber auch Hoffnung. Auf »Spiegel Online« gab es heute die überraschende Schlagzeile: »Jeder Fünfte zieht Haustier dem Partner vor.« Demnach hatte eine Befragung in 23 Ländern ergeben, dass jeder Fünfte am Valentinstag seinen Partner sitzenlassen würde, um mit seinem Haustier Zeit zu verbringen. Das gibt doch Hoffnung auf eine Zeit nach der Pärchendiktatur.

Kinocenter Friedrichshain, 25. Februar

Aber die Freundschaftspflege kann manchmal auch ganz schön schwierig sein! Schon ab einem Durchschnittsalter von 35 wird die Ausgehgruppe immobiler, und immer früher muss man mit der Ausgehplanung beginnen. Kinder, Arbeit, Hund lassen die Ausgehmoral so einer Gruppe sinken, und wer will da urteilen? Es hat ja schließlich nicht jeder so viel Zeit und Muße wie die unterbeschäftigte, alleinstehende Songwriterin und Paarkritikerin. Aber wo ein Wille ist, wird auch mal wieder ausgegangen. Allerdings muss vorher in einem tagelang währenden exzessiven Rundmailwechsel die Restgruppe von der Ablehnung des Programmpunkts »Essen gehen« überzeugt werden.

Als mir vor etwa zehn Jahren ein damals vielleicht 32-jähriger Freund erzählte, er gehe ja inzwischen lieber essen statt in Clubs, man sitze beim Italiener so herrlich lange am Tisch und trinke dann einen letzten Grappa nach dem anderen, versuchte ich verzweifelt, einen milden Gesichtsausdruck aufzusetzen, damit mein Mienenspiel nicht aufwallende Verachtung und Entsetzen verriet. Aber wahrscheinlich war dieser Bekannte ein Trendsetter. Denn wenige Jahre später baute ein Berliner Stadtmagazin sein Heft mit einem absurd großen Gastro-Teil zum Restaurantführer um.

Inzwischen hat die Gastroisierung des Ausgehlebens so überhandgenommen, dass man längst sagen muss: »Essen gehen ist das neue Ausgehen.« Im Studentenviertel Neukölln trifft man sich in improvisierten Wohnzimmerrestaurants, in Clubs gibt es Themenabende, bei denen zu Musik öffentlich gekocht und gegessen wird. Vielleicht ist es die Generation der Einzelkinder, die – früher immer nur der unheiligen Allianz Vater, Mutter, Kind ausgeliefert – nun beim Sitzen an großen Tischen mit mehr als drei Personen Trost sucht.

Nachdem ich den Vorschlag »Essen gehen« abschmettern konnte, kam sofort wieder die alte Frage »Wohin, wohin, wohin mit uns?« auf. Ins Kino!

Das Kino ist eine der wichtigsten Erfindungen des letzten Jahrhunderts. Mag der Tag noch so verhunzt sein, abends ins Kino zu gehen schafft doch immer so ein glamouröses Grundgefühl. Ein sehr nützlicher Imperativ bei der Gruppendiskussion »Welcher Film?« lautet dann: »Meide die romantische Komödie!«

Hier trennt sich auch im Freundeskreis die Spreu vom Weizen. Bislang einigermaßen vernünftige, geschmackssichere Menschen mit abgeschlossenem geisteswissenschaftlichen Studium finden plötzlich warme Worte für dieses zutiefst ungute Genre und überraschen mit Insiderwissen zu »Notting Hill«, »Pretty Woman«, »Haben Sie das von den Morgans gehört?« und »Bridget Jones« Teil 1–17. Dabei ist die romantische Komödie der Trivialroman des 21. Jahrhunderts, die scheußlichste Unterabteilung des Hollywood-Films. Selbst die Familienkomödie ist noch leichter zu ertragen, weil da wenigstens oft ein verwuschelter, schlecht erzogener Hund mitspielt.

Wer sich kulturell über Rosamunde Pilcher erheben will, muss doch auch sehen, dass es sich bei der romantischen Komödie um den gleichen Inhalt in anderem setting handelt – abgelegene Grafschaft, verarmte Adelshäuser, verstockte ledige Landhausbesitzer, alleinstehende Pferdebetreuerinnen – statt nervöser Menschen mit Trendberufen in Singlewohnungen in Manhattan.

Die romantische Komödie zementiert die heterosexuellparnormative Zwangsmatrix. Schon Jugendliche werden so darauf abgerichtet, den Irrglauben zu übernehmen, der Sinn des Lebens bestehe darin, sich zum unschönen Paar zusammenzuklumpen. Wohlweislich gilt bei der romantischen Komödie die Grundregel: Beim Happy End wird abgeblend'! Die Langeweile der Beziehung oder Dürftigkeit der Ehe, die auf das langwierige

Sich-Finden des Paares folgt, wird aus gutem Grund ausgespart.

Aber Freunde muss man manchmal eben auch aushalten. Nach einer emotional geführten Grundsatzdiskussion über den Wert der romantischen Komödie zog es die Kinogruppe dann zur französischen Komödie »Der Auftragslover«, denn, so die Argumentationslinie, man muss sich hin und wieder zur Feindbeobachtung auch um verhasste Genres kümmern. Der Ausflug in ein Kinocenter am äußersten Rande des Szenebezirks Friedrichshain war dann der in eine andere Welt: Hunderte Vorstadtpärchen in der Popcornhölle, die sich romantische Komödien anschauen – vielleicht weil ihr eigenes Beziehungsleben weder romantisch noch komödiantisch ist.

Hochinteressant auch die Vorfilme: Es gibt jetzt nämlich auch Job-Komödien, Fußball-Komödien, und auch der Themenkomplex »Sex mit dem guten Freund« wird immer wieder neu komödiantisch verhandelt.

Und schließlich konnten wir uns darauf einigen, dass es ein noch verhassteres Genre als das der romantischen Komödie gibt: Die deutsche Patchworkkomödie mit Til Schweiger.

Frühling

»Manche Menschen wären nie verliebt gewesen,
wenn nicht immer so viel von der Liebe die Rede wäre.«

LA ROCHEFOUCAULD

Berlin, 7. März

Heute zum ersten Mal der Anflug eines ganz leichten Frühlingsgefühls. War mit C. auf dem Tempelhofer Feld unterwegs, um dort die schöne Weite und Leere, also das Nichts und die neuen Trendsportarten, die der sport-fixierte Mensch angesichts diese Leere anscheinend sofort betreiben muss, zu besichtigen.

Auf dem Weg dorthin waren uns schon viele großflächige Plakate aufgefallen, die auf eine »New Moon Night« im Hangar 2 des ehemaligen Berliner Flughafens Tempelhof hinwiesen. Und als wir am frühen Abend zurückgingen, kamen uns Hunderte weibliche Teenager, die anscheinend aus ganz Deutschland zu diesem »Look & Feel« in »cooler, geheimnisvoller und romantischer Atmosphäre« strömten, entgegen. Pflichtbewusst kreischten sie sich schon beim Anblick der Plakate auf ihre Idole ein. Später erfuhren wir, dass es sich um eine Party anlässlich einer DVD- und Blue-Ray-Premiere eines amerikanischen Vampirfilms handelte. Zwar waren keine Vampir-Hauptdarsteller, sondern nur Nebendarsteller aus der Werwolf-Fraktion angereist, aber für die deutsche Premiere reichte wohl die zweite Garde.

DIE VAMPIRBEZIEHUNG ALS
POSITIVE UTOPIE

Der Erfolg von Vampir-Liebesgeschichten beschäftigt die Welt ja schon länger, und bis heute gibt es noch keine umfassende philosophisch-soziologische Erklärung des Vampir-Phänomens.

Entweder man geht allzu platt freudianisch mit »Biss statt Sex« an die Sache heran oder erklärt, dass die schwüle alte Vampirgeschichte als Keuschheitstraktat (vor allem nach den Geboten des mormonischen Glaubens der »Twilight«-Autorin Stephenie Meyer) eben gut ins prüde Amerika passt. Ferner wird gemutmaßt, die sittenstrenge Romantik ohne jede Ironie beschreibe ganz passend den Triebstau einer Generation, die ihr Dating ins Internet verlagert hat.

Aber ist nicht alles doch komplexer mit dem Vampirboom? Gibt es nicht ständig neue Ausformungen, zum Beispiel den sympathischen, fast vegetarischen Vampir, der sich mit Tierblut begnügt?

»Der Vampir ist eine Figur der Krise, denn er verkörpert die Ängste der Menschen«, sagte der Literaturwissenschaftler Stefan Keppler-Tasaki einst dem »Spiegel«. Im Bild des starken, schönen, schützenden, familienfreundlichen Vampirs spiegele sich die Krisenzeit.

Vielleicht ist es aber so, sagt da die Paarkritikerin, dass junge, von der Zwangsheterosexualität noch nicht ganz verdorbene Mädchen es bereits ahnen: Es ist wahrscheinlicher, mit einem Vampir eine glückliche Beziehung zu führen als mit einem Mann aus Fleisch und Blut.

Die Vampirphase ersetzt ja inzwischen schon die berüchtigte präpubertäre Pferdephase. Eigentlich auch logisch: Denn auch ein Vampir ist wie das Pferd kraftvoll und muskulös, seidig glänzend, schimmernd oder funkelnd, schön und anmutig, mit einem beeindruckenden Gebiss. Er ist treu und sanft und bei liebevoll-hingebungsvoller Pflege handzahm, dabei eigentlich unbändig. Die Statur ist beeindruckend, aber nicht unbedingt sexuell besetzt.

Auch ein Vampir ist was zum Füttern und Beschützen. Und wie auch beim Pferd bleibt beim Vampir die Enttäuschung des Beziehungsalltags aus – denn wenn sich die romantische Liebe erfüllt, wird auch der ansehnlichste Teenager zum Vampir. So wird die vom Wesen her eher unrealistische Vampirbeziehung zur positiven Utopie.

Deshalb sind wohl auch verschiedene Vampir-Beziehungsratgeber auf dem Markt. In »Tote Jungs küssen besser« wird vor den größten Dating-Fehlern mit Unsterblichen gewarnt. Andere Ratgeber geben wertvolle Tipps: »Wie locke ich ihn hinter dem Grabstein hervor?« Überraschend groß ist die Auswahl im Kapitel »Welcher Unsterbliche passt zu mir?« Immerhin kann man da zwischen Vampir, Werwolf, Elf, Geist, Dämon, Zombie, Zwerg und Engel wählen. Und im Vergleich zum realen Angebot an bindungswilligen Männern scheint da selbst die leidende, von Selbstzweifeln zerfressene Figur eines Werwolfs doch recht attraktiv.

Aber bleibt man in der Logik »Lieber ein Vampir als ein Mann aus Fleisch und Blut« gilt auch »Lieber eine schwierige Beziehung mit einem Vampir als gar keine Beziehung«. Schlimm genug.

EIN SINGLEBUCH KOMMT SELTEN ALLEIN

In unserer paarnormativen Gesellschaft gilt das Kein-Paar-Sein, oder das Kein-Paar-sein-Wollen als das Nicht-Normale, weil das Paar die absolute Norm darstellt.

So wie Simone de Beauvoir in »Das andere Geschlecht« aufzeigt, wie die Frau immer als das andere, der Sonderfall, eine Minderheit mit Spezialproblemen gesehen und beschrieben wird, genauso ist auch der Einzelne, der Mensch, der es vorzieht, allein zu leben, im großen Gesellschaftsplan nicht vorgesehen.

Es gibt zwar die fortlaufende Erzählung vom Großstadtsingle, der frei und hedonistisch das auf den ersten Blick bessere, freiere Leben voller toller Angebote lebt. Aber nur bis zu den Fest- und Feiertagen, da ereilt ihn dann der Katzenjammer. Und früher oder später spürt dieser Single dann eine starke innere Leere, horcht in sich hinein, lernt seinen Single-Egoismus zu überwinden und wird als Familienvater oder -mutter doch noch ein nützliches Mitglied der Gesellschaft.

Wäre das Single-Sein, das Alleinleben wirklich gesellschaftlich anerkannt, als gleichwertige Möglichkeit unter anderen Lebensperspektiven, gäbe es wohl kaum so viele Ratgeber und Betroffenenliteratur zum Thema. Wer in seiner pärchenzentrierten Weltsicht glaubt, Singles wären eine durch und durch akzeptierte Erscheinung in den modernen westlichen Industriegesellschaften, der werfe einen Blick auf die aktuelle Ratgeberliteratur. Allen Singlebüchern ist gemein, dass sie das Alleinleben immer nur als temporäre Erscheinung verhandeln. Ihr Motto ist: Versuche die kurze Zeit als Single zu genießen, es ist nicht schlimm, vorübergehend mal allein zu sein! Es kann sogar schön sein. Davon abgesehen haben sich aber auf dem Ratgebermarkt durchaus verschiedene Richtungen und Schulen herausgebildet.

Die Paartherapie

Die Mehrzahl der männlichen deutschen Liebesspezialisten, Psychologen und Paartherapeuten sieht sich in der Nachfolge von Erich Fromm, der in seinem Bestseller »Die Kunst des Liebens« das Konstrukt Liebe als grundsätzlich positives Himmels- oder Menschheitsgeschenk ansieht. Anders als ihre männlichen Kollegen berät die Psychologin ergebnisoffener und rät hin und wieder zum Alleinsein. Denn, so die Einschätzung von Insiderinnen, Therapeuten sind eben auch nur Männer und können sich Frauen ohne Männer nicht als glückliche Menschen vorstellen.

»Liebe besiegt alles – man muss nur an die Kraft der Liebe und der Beziehung glauben« ist das Credo der Paartherapie. Deshalb will sie auch Beziehungen mit aller Macht reparieren, sie verspricht: Liebe kann man lernen, Sex ist Technik, Schlussmachen was für Feiglinge.

Da soll die Liebe sogar Widerstandskräfte gegen die soziale Kälte des Neoliberalismus aufbringen! Dass Liebe ein Schmiermittel des Kapitalismus ist und die Romantik ökonomischen Gesetzen folgt, wird wohlweislich verschwiegen.

Denn für die Paartherapeuten ist die Liebe an sich in Ordnung, nur unser modernes Leben ist so kompliziert geworden. Da gibt die Paartherapie gerne Hilfestellungen und zeigt auf, wie sich das Individuum auf dem Markt der Möglichkeiten zurechtfinden kann.

So wird Liebe zum Lernmodell.

Die Ratgebersparte »Paartherapie« hält Übungen und Aufgaben für Problempärchen bereit: Man lernt an Hand des Buches, wie man die »5 Dialogsäulen der Partnerschaft« erklimmt, erarbeitet eine gemeinsame Paarethik, führt ein Gefühlstagebuch, tritt zuerst in den »intimen Dialog«, dann in den »Seelendialog«, der schließlich zur »Paarsynthese« führen soll. Man wird angeleitet, einen Liebesbrief zu schreiben, um Verzeihung zu bitten, danke zu sagen.

Trotz dieses positiven Ansatzes haben unrepräsentative Umfragen ergeben, dass eine Paartherapie eigentlich zu 100 % zur Trennung führt. Deshalb kann die Paarkritikerin die Institution der Paartherapie nicht genug loben, scheint sie doch den Pärchen die Kraft zu geben, sich endlich voneinander und aus ihrer unguten Beziehung zu lösen.

Die französischen Psychologinnen

Sie geben sich existentialistischer und plädieren durchaus fürs Alleine-Leben und bringen in ihren Liebes- und

Lebensratgebern viele Fallbeispiele von glücklichen Single-Frauen um die fünfzig. In der französischen Therapeutenschule wird Tacheles geredet:

»Dem Tod kann niemand entrinnen. Die Betriebsamkeit der Welt dient nur dazu, die Tatsache zu verschleiern, dass wir alleine geboren sind und alleine sterben müssen. Man kann sich in Liebesabenteuer oder eine Pseudofreundschaft flüchten, um der Einsamkeit abzuhelfen – es wird nicht gelingen«, schreibt Marie-France Hirigoyen, eine der bekanntesten Psychotherapeutinnen Frankreichs und Bestsellerautorin. In »Les nouvelles solitudes« – übersetzt als »Solotanz – Anleitung zum Alleinsein« – berichtet die Paartherapeutin aus ihrer Praxis und wirft einen neuen Blick auf »reife Frauen«, die es vorziehen, alleine zu bleiben. Interessant sind die landestypischen Besonderheiten der Paarprobleme, bestätigen sie doch die gängigen Frankreichklischees.

Die französischen Frauen beschweren sich oft über die Ansprüche des Ehemannes: Immer sollen sie Seidennégligés im Bett und hochhackige Schuhe auch zu Hause tragen. Von einer »weiblichen« Französin wird erwartet, dass sie sich nie ungeschminkt zeigt, stets Strümpfe, Schmuck und Ohrringe trägt. Kein Wunder, dass viele Frauen nach einer Trennung von ganzem Herzen alleine sein wollen. Die ehemüden Französinnen beklagen auch, dass sie neben Berufstätigkeit, Haushaltsführung und Kindererziehung (der französische Mann hilft wohl tendenziell eher wenig im Haushalt) sich auch noch um das gesellschaftliche Paarleben kümmern müssen: Bekannte einladen, Theaterkarten besorgen, Kontakte zu Freunden pflegen, Besuche organisieren.

Der deutsche Singleratgeber

Die deutsche Singleratgeber-Autorin kommt oft aus dem Umfeld der Frauenzeitschriften und bewegt sich dabei zwischen Küchenpsychologie und »Sex and the City«-Klischees, zwischen Anpassung und einem stumpfen Pseudofeminismus.

In dem Ratgeber »Die bessere Hälfte schenk ich mir. Single aus Leidenschaft« von Petra Mikutta werden immerhin die Vorteile glamourösen Singledaseins betont »frech und spritzig« gegen die Eheroutine aufgerechnet. Da heißt es dann provozierend: »Warum soll ich seine schmutzigen Socken waschen, wenn ich auf eine Brad-Pitt-Look-Alike-Party gehen kann?«

Im »Kleinen Singlewohlfühlbuch für Frauen« von Monika Richrath wird das Alleineleben zum Risiko. Nach den üblichen Ratschlägen und Empfehlungen der Trennungsbewältigungs-Allheilmittel – Hund, Freundin, Hobby – folgt ein langes Kapitel über Panikattacken und der Ratschlag, notfalls ein paar Monate in die Klinik zu gehen. Das Alleine-Verreisen wird der Singlefrau zwar angeraten, allerdings soll sie vorher besser einen Selbstverteidigungskurs machen.

Es scheint ja leider so, dass die Frau ab vierzig sich gerne der Esoterik zuwendet. Für die Singlebuch-Autorin ist dieser Schritt wohl ein Muss: Jiu-Jitsu-Griffe, Entrümpelungs-Feng-Shui, Heilsteine – alles ist nützlich fürs Wohlfühlen als Single. »Hey! Du bist die wichtigste Person in deinem Leben«, sagen uns diese Autorinnen immer wieder: Lass dir ein Bad ein, mach einen Wellnesstag zu Hause, zünde Duftkerzen an – für dich ganz allein! Kauf dir teure Unterwäsche und trag sie nur für dich! Koche was Schönes, decke den Tisch ganz festlich, veranstalte ein Candle-Light-Dinner für dich ganz allein, nur für dich! Tanze vor dem Spiegel für dich allein! Alles nur für dich! Kauf dir eine neue Creme, nur für dich! Mach mal was ganz Verrücktes und ordne deine Kleider nach Farben! Geh allein ins Kino! Verwöhne dich, du bist wichtig!

Was aber, wenn du dich zu nichts aufraffen kannst, traurig und enttäuscht bist, gerade verraten und bösartig verlassen worden bist? Kauf dir ein besonderes Schaumbad, mach einen Termin bei der Kosmetikerin, kauf dir ein Plüschtier zum Schmusen, eine Flasche Champagner, geräucherten Lachs! Nur für dich!

Im praktischen Teil des Ratgebers muss die Singlefrau dann kontraproduktive Glaubenssätze zertrümmern und mit Sehnsuchtsanfällen umgehen lernen. Sie muss praktische Übungen machen, vorgedruckte Listen vervollständigen, über ihre Wünsche, Sex, Erotik, Selbstbefriedigung, Freundinnen und schwule Freunde nachdenken. Muss sinnliche Übungen machen, einen erotischen Soloabend planen, Pornos schauen, Lieblingsmusik hören und sich mit einem feuchten Badeschwamm abtupfen oder mit einer Feder kitzeln.

Der Ablauf ist bei allen Ratgebern gleich. Es gilt, eine tolle Beziehung zu sich selbst aufzubauen, eine Weile lang ein spannendes Singleleben zu führen. Meditieren, ehrenamtlich arbeiten, reisen, Freundesnetz knüpfen, Selbstachtung steigern, Volkshochschulkurse besuchen, Tiere anschaffen, das Leben in die eigene Hand nehmen, um sich dann als verbesserte Ich-Fassung auf die Suche nach einer neuen Beziehung zu machen.

Auch in »Single-Frauen dürfen viele Frösche küssen« von Christiane Janson findet man alles, was man von einem Single-Ratgeber erwarten kann: Esoterik, Initiationsreisen, Shiatsu, Beratung beim Sex-Toy-Kauf, aber auch Listen zum Abarbeiten und »witzige Sprüche«, die frau zur Selbstaufheiterung an den Kühlschrank kleben kann.

Die englische Schule

In »Single – und das gern!« von Wendy Bristow – Untertitel »Glücklich sein auch mal allein« – geht es um die Selbstoptimierung. Auf dem Schutzumschlag steht: »Die Autorin wohnt und arbeitet in London, schreibt für Cosmopolitan und war mehrere Male begeistert Single!«
Ihr Ratgeber ist ein Konglomerat aus Ratschlägen, Erfahrungsberichten, Tipps und praktischen Übungen. Auch hier geht es darum, mit Hilfe von Duftkerzen und sexy Unterwäsche eine gute Beziehung mit sich selbst zu führen.
Es wird der Kauf von Vibratoren angeregt, und einige Kapitel widmen sich der Beziehungs-Geschichte und wollen helfen, verbreitete negative Beziehungsmuster zu erkennen und die bisherigen männlichen Fehlgriffe zu kategorisieren.
Da gibt es den Bindungsphobiker, der Frauen anhimmelt, verzweifelt Kontakt sucht, sich aber sofort zurückzieht, sobald es ernst werden könnte. Den emotional unerreichbaren Mann, der kühl und zurückhaltend meistens mit seiner Arbeit beschäftigt ist. Außerdem den kleinen Jungen, der keine Verantwortung übernehmen

kann und eine Mutter sucht, und die Vaterfigur, die mit ihrer übertriebenen Fürsorge die Partnerin zu ersticken droht.

Aber auch Freud darf in einem ernsthaften Singlebuch nicht fehlen, hat er uns doch schon vor über hundert Jahren erklärt, das frühkindliche Erziehung das restliche Leben beeinflusst. Immerhin kommen dadurch auch mal die romantischen Liebesentwürfe, die wir uns von klein auf erschaffen, zur Sprache.

Auch die Mechanismen, die hinter richtig furchtbaren Beziehungen stehen und die Frauen dazu bringen, sich immer wieder in höchst ungute Konstellationen zu begeben, werden kurz aufgeführt.

Der amerikanische Weg

Die amerikanischen Singlebuch-Autorinnen von heute gehen im Gegensatz zu den amerikanischen Feministinnen der siebziger Jahre, die das ganze Konstrukt Liebe angezweifelt haben, sehr ehe-orientiert und pragmatisch vor: Hauptsache Mann, wohlhabend und heiratsfähig.

Die US-amerikanische Lebenshilfeberaterin kümmert sich um die praktischen Dinge: »Wie werde ich nicht von Automechanikern übers Ohr gehauen?«, »Ist es nicht gefährlich, allein zu leben, was passiert, wenn die Sicherung durchbrennt?«, »Brauche ich einen Anlageberater, wer berät mich bei Bankgeschäften?« »Wie sicher ist es, allein durch die Straßen zu gehen?«

Dabei zeichnet sie ein Bild von einer Frau, die sich außerhalb der Beziehung kaum alleine bewegen kann.

Die Eva Herman unter den amerikanischen Autorinnen heißt Laura Doyle. In ihrem erstaunlichen Buch »Gib nach und er ist dein: Den Traumpartner finden mit der Kraft weiblicher Hingabe« singt sie das Mantra »Weiblichkeit zeigen«. Habe Mut, deine weibliche Seite zu zeigen, trage immer Kleider, zeige deine Kurven, auch wenn du dick bist! Zeige Formen! Beim Date bloß nicht zu aktiv werden, das ist nicht weiblich und frustriert den Mann in seinem Jagdinstinkt! Beim ersten Date ihn reden lassen, zuhören und auf weiblich intuitive Art zwischen den Zeilen lesen. Natürlich ihn bezahlen lassen, Frauen die darauf bestehen, selbst zu zahlen, sind unweiblich!

Nie ohne Lippenstift oder mit Turnschuhen aus dem Haus gehen – denn du kannst ihm überall begegnen! Sex frühestens nach sechs Wochen, vorher Aidstest einfordern!

Dagegen liest sich eines der ersten Single-Bücher überhaupt von Marjorie Hillis wie ein feministisches Manifest. In »Live alone and like it. Benimmregeln für die vergnügte Singlefrau« plädierte sie schon 1936 dafür, regelmäßig auch in der noch so kleinen Wohnung Feste zu feiern, im Bett zu frühstücken und Volkshochschulkurse zu besuchen, statt alleine zu Hause zu sitzen. Zwar kommt auch hier der typische Umkehrschluss der Singlebücher: Und wenn sie das alles beherzigen, werden sie sowieso bald ihren Ehemann kennenlernen und brauchen diesen Ratgeber gar nicht mehr. Dennoch sind ihre Ratschläge emanzipatorischer als die in den aktuellen Ratgebern.

Ein Überblick

Es gibt noch so vieles, was man hier besprechen könnte, so viele Bücher, so viele Programme, Anregungen und Tipps.

Es ist nicht schwer, per Buch vom Single zum Beziehungsmenschen zu werden, aber es ist auch Arbeit.

»From Vision to Reality« heißt die Devise: Das Sechs-Stufen-Programm durcharbeiten, die vier Säulen der Attraktivität erkennen, sich immer wieder selbst optimieren und pflegen, selbstbewusst, aber nicht angespannt sein!

Es gibt Singlebücher für jedes Lebensalter, zum Beispiel »Schluss mit Single über 40. Die Kunst, den richtigen Partner zu finden« von Nita Tucker, im amerikanischen Original »How not to stay single after 40« ist die Fortsetzung des erfolgreichen Bandes »How not to stay single«.

Auch in »Nie wieder Single! So finden Sie Ihren Traumpartner« von Marcus Damm und »Nie mehr Single! Eine Anleitung« von Sharyn Wolf wird einiges vom Single gefordert.

Im Kapitel »Anbaggern, Abschleppen und der ganze Rest« erlernt man die Guerillataktiken bei der Partnersuche, Strategien des Flirts wie die fünf Phasen des Blickkontakts und andere nonverbale Techniken. Da werden Verabredungen zu militärischen Operationen. Es geht um Geheimwaffen, das Mobilisieren der Kampfeinheiten, um Gegenbewegungen, Manövertaktiken, Überlebensstrategien, Sabotage, Revolte und Konfliktsituationen.

Es ist an dieser Stelle leider nicht genug Raum, um alle

lesenswerten Single-Ratgeber aufzuführen. Besonders erwähnenswert sind aber noch:

»Die fünf Sprachen der Liebe für Singles«
»Handbuch für Singles, die es nicht länger bleiben wollen« »Vollwertküche für Singles und Berufstätige« »Single – und das gern!«
»Gestatten: Single oder Warum Frauen nicht allein sein wollen«
»Single bleiben? Ohne mich!«
»Es muss etwas anderes geben. Lebensperspektiven für Singles«
»Singles: Einsame Herzen oder egoistische Hedonisten?«
»Anleitung für Singles«
»Lebensform Einpersonenhaushalt«
»Think Single«
»Stell dir vor du bist Single – und keiner merkt's«
»Single girls guide – Weiblich, ledig, fabelhaft«
»Desperately Single: Vom Glück nicht zu finden was man sucht«
»Nie mehr Single!«
»Und plötzlich wieder Single«
»Singles aus Leidenschaft«
»Single-Küche mit Aldi«
»Ich finde mich toll, warum bin ich noch Single?«
»Kommst du mit zu mir? Das Sexbuch für Single Frauen«
»Single and the City: Mein Leben von Date zu Date«

Und zu guter Letzt, allerdings nur bei Books on Demand erhältlich: »Schwäbischer Single-Umzug: Geld, Zeit und Nerven sparen«

Vor dem Fernseher, 17. April

Nun ist also Ostern, aber die Osterzeit ist eigentlich auch immer eine problematische, denn es gibt so viele Feiertage am Stück zu bewältigen: Karfreitag, Samstag, Ostersonntag, Ostermontag – es nimmt kein Ende.

An Ostern ist es in Berlin auch immer sehr voll, und gleichzeitig sind alle weg. Viele sind verreist, andere machen Fahrradtouren nach Brandenburg, mit Partnern und befreundeten Pärchen, aber da kommt kein Neid auf. Wer möchte schon Fahrradfahren und dann auch noch mit Pärchen und durch Brandenburg?

Wer an Ostern seine Ruhe haben will, der sollte einfach in der Wohnung bleiben und fernsehen, denn da bietet das Osterfest jedes Jahr die beliebten Klassiker und Monumentalschinken.

Besonders zu empfehlen an Ostern: »Die Zehn Gebote«, vier Stunden in Technicolor. Interessant an den »Zehn Geboten« sind nicht die vielgerühmten frühen Special Effects, wie etwa die Rote-Meer-Zerteilung und der Tanz ums goldene Kalb, interessant ist vor allem die Darstellung der Geschlechterbeziehung in dem Fünfziger-Jahre-Film. Moses Frau Zippora zum Beispiel wird als recht autonome Hirtentochter geschildert. Als ihre sechs Schwestern beim Schleiertanz in der Wüste um die Gunst des jungen Moses buhlen, hält sie sich vornehm zurück und

will um ihrer selbst und ihrer schönen Seele willen er-
wählt werden. Dem bescheidenen unverdorbenen Hir-
tenmädchen Zippora wird die vorherige Beziehung des
Moses, die ägyptische Prinzessin Nofretete, diametral
gegenübergestellt. Diese, das Leben in Saus und Braus im
Pharaonenpalast gewohnt, stellt eher den Luxus-Bitch-
Typ dar. Am Ende entscheidet sich Moses natürlich für
Gott und bleibt Single.

Bei »Ben Hur« – dreieinhalb Stunden ebenfalls in Technicolor – ist wiederum nicht das berühmte Wagenrennen
die eindrucksvollste Sequenz, sondern die ergreifende
Szene, in der Ben Hurs Mutter und Schwester, nur noch
mit Lappen über dem Gesicht, im Tal der Aussätzigen
herumirren, weil sie arg von der Lepra entstellt wurden.
Aus Rücksicht auf den jungen Ben Hur geben sich die
kranken Frauen als tot aus. Als Ben Hur erfährt, dass sie
noch am Leben sind, kommandiert er der Einfachheit
halber seine Freundin zur Betreuung ab, überträgt also
recht geschlechtertypisch die sozialen Verpflichtungen
gegenüber seiner Stammfamilie auf die Partnerin.

Außer den beiden Osterschinken gibt es auf vielen Kanä-
len immer wieder ausführliche Dokumentationen über
die neuesten Forschungsergebnisse, das Turiner Grab-
tuch betreffend. Die Rekonstruktion der Geschehnisse
in Golgatha mit modernsten wissenschaftlichen Me-
thoden lässt sich traditionell am Karfreitag verfolgen,
manchmal wird im Anschluss noch das Porträt eines
amerikanischen Forensik-Professors gezeigt, der in seiner Garage im Mittleren Westen ein Kreuz installiert
hat und dort mit Freiwilligen Kreuzigungsexperimente
macht.

Und wenn der Papst dann am Sonntag seinen Fernsehsegen »urbi et orbi« gegeben hat, dann ist Ostern auch schon fast vorbei.

Berlin, 22. April

Trotz dieser religiösen Überdosis nach Ostern das starke Gefühl einer inneren Leere. Aus stiller Verzweiflung sogar Frühjahrsputz gemacht. Aber es half nichts.
Vielleicht ist auch nur alles so langweilig und sinnlos, weil ich seit Dezember nicht aus Berlin herausgekommen bin? Es ist ein Elend. Die Jahre, in denen keine CD erscheint, in denen es nicht auf Tour geht, sind immer so zäh, man hat weniger zu tun, trifft weniger Menschen, kommt weniger rum.
Am Anfang der Lesetouren dachte ich noch, jetzt käme ein neuer, toller Abschnitt des Auf-Tour-Gehens. Nach zwanzig Jahren im Showgeschäft kennt man Freud und Leid einer Bandtour durch die immer gleichen Clubs und Jugend- und Kulturzentren der drei deutschsprachigen Länder zur Genüge, hat Generationen von Sozialarbeitern und Bookern überlebt. Was für eine tolle Abwechslung wird es da sein, mal auf Lesetour zu gehen, dachte ich. Um wie viel angenehmer wird das werden! Kein großer Soundcheck, keine Verstärker schleppen, und die Gage nicht mit der nervigen Band durch fünf teilen! Und während man als Musikgruppe doch oft leicht geringschätzig als fahrendes Volk behandelt wird – es sei denn, der Club ist ausverkauft und der Veranstalter überglücklich –, so kann es doch gut sein, dass man als Autorin auf

einer Lesereise angemessen gewürdigt und besser behandelt wird.

Leider aber befinden sich Lesebühnen gerne in brachliegenden Industriearealen, die zu Kultur- und Ausgehzentren – Stichwort creative industries – umgestaltet wurden, und das Publikum bleibt solchen Orten gerne fern. Man liest und singt und redet trotzdem, der letzte Ton der Show verklingt, man eilt zum Büchertisch, signiert ein bisschen, der letzte Kunde geht: Geschafft! Feierabend! Jetzt ein Wodka Tonic und eine Zigarette! Man dreht sich um, der Raum ist ganz leer, die Tonleute haben schon alle Kabel zusammengerollt. Am Ausgang wartet die Veranstalterin mit dem Gagenumschlag, und so steht man um Viertel nach zehn an einem Samstagabend in einem menschenleeren Gewerbegebiet außerhalb Bremens.

Ein arg trostloser Moment! So trostlos kann es mit einer Band niemals sein – kein Mensch, nirgends, der trinken und dummes Zeug reden will. Wie oft hat man die Rockroutine verflucht, die blöden Promoter, hohlen Musikjournalisten, dämlichen Clubbetreiber, hat den großen deutschen Philosophen Hegel zitiert, der schon 1817 in seinen »Vorlesungen über die Aesthetik« den Musiker als den am wenigsten Geistigen – also sagen wir ruhig den Dümmsten – unter den Künstlern klassifizierte. Aber nach Einblick in den Literaturbetrieb kann man nur sagen: Im Feiern und geselligen Beisammensein ist der Musiker einfach ausdauernder und lebendiger, also zutiefst menschlich, und somit den anderen Künstlern, auch den Schriftstellern, weitaus überlegen.

Hamburg, 27. April

Gestern war es gut. Der Pudelclub, die »Elbphilharmonie der Herzen«, war voll. Alle waren da, und hinterher gab es genug Auswahl zum Reden und Trinken.
Ach, es wäre doch zu schön, auf Tour immer nur in Hamburg, Berlin und Wien zu spielen. Notfalls noch in Köln, Leipzig, Stuttgart und Frankfurt, aber es geht halt leider nicht. Heute Morgen im Hotel kam es zu einer denkwürdigen Begebenheit.

PÄRCHEN IN HOTELS

Es war kein schönes Hotel. Die Zimmer rochen muffig, die Teppichböden waren nicht direkt fleckig, aber doch zweifelhaft. Im Frühstücksraum tat man vornehmer, als das Hotel tatsächlich war. Parkett lag aus, die Möbel imitierten einen modernen Designer, das Buffet täuschte Frische und Reichhaltigkeit vor.

In diesem Hamburger Hotel, etwas außerhalb in Altona gelegen, bot man am Sonntagmorgen großzügigerweise Frühstück bis 10.30 Uhr an, und so hatte ich mich in jahrelang eingeübter Routine gerade noch rechtzeitig aus dem Tiefschlaf erhoben und um 10.25 Uhr an einen Tisch im Frühstücksraum geschleppt. Der Rest der Band war entweder schon da gewesen oder schlief noch, manche Mitmusiker leiden ja auch unter einer sehr schweren Morgendepression, so dass man ihnen zu dieser Zeit lieber aus dem Weg geht.

Die Blicke der anderen Hotelgäste ist man schon gewöhnt. Eine Frau über vierzig alleine am Frühstückstisch, mit ungekämmtem Haar und Schlaffalten im Gesicht – dazu ein bisschen unordentlich und eher geschlechtsneutral gekleidet –, da sind die Blicke nicht nur neugierig, sondern direkt feindlich.

Menschen in diesen nur halbguten Hotels bewegen sich immer so steif und gezwungen, als sei es ihnen peinlich, nicht zu Hause geschlafen zu haben, als gelte es, diese ungeheure Intimität durch möglichst förmliches Verhalten wettzumachen. Es fehlt ihnen die professionelle Freundlichkeit des gutsituierten Vielreisenden, aber auch die herrische Arroganz und falsche Selbstsicherheit des Geschäftsmanns.

Dabei ist die steife Unsicherheit dieser Leute sympathischer als die des männlichen Geschäftsreisenden, der sich nicht nur im Zug und im Flugzeug, sondern auch im Hotel aufführt, als gehöre ihm und seinesgleichen die Welt, als müsse er mit jedem Schritt betonen, in welch wichtiger wirtschaftlicher Mission er unterwegs ist.

Aber es war ja Sonntagmorgen, und so hatte man Ruhe vor diesem unsympathischen Menschenschlag. Der Frühstücksraum war fast leer, die meisten Gäste waren schon unterwegs in der Freien und Hansestadt.

Nur am Tisch gegenüber saß ein Paar im Freizeitlook. Sie waren in den »mittleren Jahren« um die vierzig. Er trug ein orangefarbenes Polohemd, sie eine gemusterte Bluse unter der Fleecejacke. Auf dem Tisch stand zwischen den Kaffeetassen eine Vase mit orangefarbenen Rosen, daneben eine Flasche Sekt einer recht preisgünstigen Marke. Sie trank hin und wieder in kleinen Schlucken davon, ganz langsam, als müsse sie sich zwingen. Aber das Glas wollte nicht leerer werden.

Sie wirkte unsicher und unglücklicher als er. Er schien zwar auch peinlich berührt, aber irgendwie strotzte er vor dem Gefühl, etwas Richtiges, wenn auch Ungewohntes gemacht zu haben. So sahen sie lange, minutenlang, aneinander vorbei, er schaute zur Glasfront hinaus, begutachtete fachmännisch das Etikett des Billigsekts, sie strich die Tischdecke glatt, machte eine Bemerkung übers Wetter. Es war ein schöner Tag, aber diesen Tisch umgab eine maßlose, sprachlose Trauer.

Was war das bloß für eine traurige Veranstaltung? Eine Scheidungsaussprache? Aber dann mit Rosenpräsent und Sektfrühstück? Eine Überraschung – eine Städtereise zur silbernen Hochzeit? Ein Ehe-Wiederbelebungsversuch, wie ihn die Frauen- und Männerzeitschriften gerne vorschlagen?

»Nehmen Sie sich Zeit füreinander, machen Sie eine Städtereise, fahren Sie in ein hübsches Hotel, verwöhnen Sie Ihren Mann, Ihre Frau. Lassen Sie gemeinsam die Erinnerung an die erste Zeit der Verliebtheit wiederaufleben!«

Für diese problematischen Fälle wurde wahrscheinlich das Genre »Romantikhotel« erfunden. Bei den »Wochenend-Arrangements für Verliebte« steht dann nach dem Candle-Light-Dinner am ersten Abend eine Flasche Sekt gratis im Zimmer.

Bei diesem freudlosen Paar hatte das Romantikwochenende wohl nicht gezündet. Lange saßen sie noch schweigend da, sie schien nach Gesprächsthemen zu suchen, wollte freundlich sein. Er hatte doch wohl das mit den Rosen, dem Sekt arrangiert und bezahlt!

Dann sagte er endlich etwas, sie nickte erleichtert, beide standen auf. Er erhob sich schwerfällig und stampfte voraus, mit diesem typisch männlichen Selbstbewusstsein, bei dem man sich immer fragt, wo es eigentlich herkommt und auf was es sich bloß gründet. Die kleine Frau hob die schwere Kristallvase mit dem Wasser und den

Rosen vom Tisch und trug sie wie eine Urne vor sich her, folgte ihm tapfer mit einigem Abstand. Eine Trauerprozession.

GELD UND LIEBE

Gerade in Restaurants, im Urlaub und in Hotels kann man die traurigsten Pärchen sehen. Frauen, die sehnsüchtig das Besteck streicheln, träumerisch die Tischdecke befühlen, Männer, die minutenlang die Wandstruktur analysieren, falls sie kein iPhone zur Hand haben, um halbminütlich den Eingang neuer Nachrichten zu kontrollieren.

»Bored Couples« nennt der britische Fotograf Martin Parr seine Ausstellung: Fotos von Paaren, die sich stumm und mit erstarrten Gesichtszügen an Tischen gegenübersitzen. Vor dem Bored-Couples-Syndrom hatte Freiherr von Knigge bereits 1788 gewarnt:

> »Wichtig ist die Sorgfalt, welche Eheleute anwenden müssen, wenn sie sich so täglich sehen und sehn müssen und also Muße und Gelegenheit genug haben, einer mit des andern Fehlern und Launen bekannt zu werden und, selbst durch die kleinsten derselben, manche Ungemächlichkeit zu leiden; wichtig ist es, Mittel zu erfinden, sich dann nicht gegenseitig lästig, langweilig, nicht kalt, gleichgültig gegeneinander zu werden oder gar Ekel und Abneigung zu empfinden.«

Martin Parr: Bored couple

Die Ökonomie der Romantik

Dabei ist das »Essen gehen«, der Restaurantbesuch, doch ein Grundpfeiler der romantischen Zweierbeziehung. Das weist die israelische Soziologin Eva Illouz in ihrer Studie »Der Konsum der Romantik« nach, in der es um das Verhältnis von Liebe und Kapitalismus geht und darum, wie Liebe und Konsum voneinander abhängen und sich gegenseitig verstärken.

Die landläufige Konsumkritik geht ja immer noch davon aus, dass exzessiver Warenkonsum und romantische Liebe sich widersprechen. Manche Liebesforscher behaupten sogar, die Liebe wäre die letzte Bastion gegen die Kälte des Kapitalismus und die Erfordernisse der neoliberalen Gesellschaft. Ihnen gilt die romantische Liebe als das letzte noch verbliebene Refugium von Authentizität und Wärme – sie glauben, der Liebe, dieser wichtigsten Ideologie unserer Zeit, wohne eine subversive Kraft inne.

Illouz behauptet hingegen, »dass die modernen Definitionen und Praktiken der Liebesbeziehung eng mit dem Konsumkapitalismus verknüpft sind«. Romantische Liebe sei zu einem intimen, unentbehrlichen Teil des demokratischen Wohlstandsideals geworden, das mit dem Aufkommen des Massenmarktes entstanden ist, denn sie biete eine kollektive Utopie, die quer zu allen sozialen Teilungen verlaufe.

Illouz' Grundthese lautet: Romantische Liebe ist eine kollektive Arena, in der die sozialen Teilungen und kulturellen Widersprüche des Kapitalismus ausgetragen werden. In ihren Untersuchungen bezieht sich die Soziologin auf die amerikanische Kultur und Geschichte.

Die Rolle der Massenmedien

Die kulturellen und ökonomischen Veränderungen zu Beginn des 20. Jahrhunderts in den USA – Neuerfindungen wie das Telefon, die Hochgeschwindigkeitsdruckerpresse, das Radio, das Kino und die Fotografie markieren den Beginn der Massenkultur. Zeitungen, Zeitschriften, populäre Songs und Filme sicherten den allgemeinen Zugang zu ihr. Dadurch veränderte sich auch die Bedeutung von Liebe, sie wurde zunehmend in die Kultur der Massenmedien miteinbezogen.

Die noch neuen Medien beschäftigten sich ständig mit Gefühlen und ihrer Präsentation, um ein großes Publikum zu gewinnen. So wurde innerhalb kurzer Zeit die Vorstellung von inniger Zweisamkeit zu einer neuen amerikanischen Religion: Kein Kinofilm verzichtete auf eine Lovestory, und auch die neue Werbeindustrie verkaufte ihre Produkte über die Verheißungen romantischer Erfahrungen.

Zudem entzogen sich seit den zwanziger Jahren des letzten Jahrhunderts junge Leute immer mehr der Kontrolle von Familie und Gesellschaft. Sie begegneten sich in Colleges und Hochschulen, die geltende puritanische Sexualmoral der Mittelschicht lockerte sich. Anstelle der klassischen Liebesbeziehung trat eine neue romantische Idee, in der sich Abenteuer, Erotik, Überraschung, Geschwindigkeit und Erregung mischten.

In ihrem Buch stellt Illouz die erotische Praxis des Rendezvous in den Mittelpunkt. Denn das Rendezvous hat die traditionellen Formen der Liebe, wie zum Beispiel das werbende Vorsprechen bei der Familie, abgelöst. Dadurch hat die Liebe im 20. Jahrhundert die häusliche Privatsphäre verlassen. Sie wird in den Räumen der Vergnügungsindustrie, in Kinos, Bars und Tanzhallen zelebriert und hat so den Aufschwung der Freizeitindustrie eingeleitet. Die neue Romantik setzt Erlebnisse voraus, die durch Konsum herbeigeführt werden: Ins Restaurant gehen, Kinobesuche, Ausflüge, Geschenke kaufen.

Für die Autorin stellt die moderne »heterosoziale« Freizeitwelt, die um das Ideal der freien Partnerwahl und der individuellen Liebe herum entstand, eine Errungenschaft dar. Sie sieht aber auch die Folgen: Die buchstäbliche Vermarktung der Romantik.

So wurde die Liebe von der Religion und der kirchlichen und staatlichen Einflussnahme befreit, ist aber gleichzeitig selbst zur neuen Religion geworden. Die zunehmende

Bedeutung des Themas Liebe in der Massenkultur – vor allem im Film und in der Werbung – führte zur Verherrlichung des Liebesthemas als höchster Wert und der Gleichsetzung von Liebe und Glück. Intensität und »Spaß« wurden zu neuen Definitionen von Liebesromantik, Ehe und häuslichem Leben.

Illouz beschreibt, wie im ersten Drittel des letzten Jahrhunderts die »Romantisierung der Waren« dazu führte, dass die Aura des Produkts dessen konkreten Nutzwert überlagerte: Romantik, fortan über luxuriöse Produkte kommuniziert, fiel damit der Verdinglichung anheim: »Liebe wird zum Ausgangspunkt für vielfältige Konsumakte, die sich gegenseitig stärken.«

Der Tausch von Waren und Geld fand so nicht mehr wie früher zwischen den Familien der Liebenden statt, sondern über den anonymen Markt und durch konsumierbare Waren des Freizeitkonsums.

Aber Illouz untersucht auch die gegenwärtigen Formen der Liebe. Die Soziologin führte Einzelinterviews mit fünfzig Menschen aus den unterschiedlichsten sozialen Schichten und befragte sie zu ihren »romantischen Augenblicken«. Die Analyse der Träume und Sehnsüchte der Studienteilnehmer zeigt in erschreckender Weise die Macht der Konsumsphäre.

Romantische Liebe gilt allen als einzigartiges Gefühl, aber die besonderen Augenblicke entstanden bei allen Befragten doch auf stereotype Weise – durch das Aufladen von Alltagsgegenständen mit Emotionen. Spezielle Musik, Speisen, Beleuchtung intensivieren die Gefühle der Beteiligten, weshalb die Liebesromantik auch mit religiösen Ritualen vergleichbar ist. Vor allem Luxusgüter und Reisen sind romantischen Gefühlen sehr förderlich. Der Gebrauch von Luxuswaren schafft den schönen Augenblick, erhöht die emotionale Verbundenheit und verstärkt die Kommunikation. Eine wichtige Rolle spielen auch fremde, exotische Orte.

So steuert der Konsum selbst die Handlungen, die uns als antikonsumistisch und subversiv erscheinen. Die Bilderwelt des Kapitalismus hinterlässt Spuren: Einsame Strände und andere unberührte Naturlandschaften, die wir den Werbespots entnehmen, bebildern unsere zeitgenössischen kollektiven Träume, in denen die Sehnsucht nach romantischen Utopien in temporären Ritualen (sogenannten Schwellenritualen) ausgelebt wird. Am Naturstrand in Mexiko oder in einem Pariser Boheme-Café befriedigt insbesondere die Mittelklasse ihre »universellen Sehnsüchte nach Authentizität, Freiheit und Gefühl«. Abgesichert ist der rituelle Ausbruch aus der Monotonie des Alltags durch die Kreditkarte.

Bei den befragten Personen mit hohem Bildungsniveau, die sich bewusst von Produkten der Massenkultur distanzieren, fielen die Antworten genauso stereotyp aus – sie betonten lediglich noch mehr die materiellen Aspekte.

Der Markt hat sich unsere antikonsumistisch-romantischen Gefühlswelten längst einverleibt, lautet Illouz' Diagnose.

Liebe und Kapitalismus

Nun ist Eva Illouz nicht die erste und einzige Wissenschaftlerin, die zu dem Schluss gekommen ist, dass Kapitalismus, Konsum und romantische Liebe sehr gut zueinander passen und sich gegenseitig bedingen.

Friedrich Engels verdammte in seiner Schrift »Der Ursprung der Familie, des Privateigenthums und des Staates« von 1884 die Familie von der griechischen Antike bis zum bürgerlichen Zeitalter, weil sie die Frauen den Männern unterwerfe und das Privateigentum durch das Erbrecht schütze.

Für Engels war die monogame bürgerliche Ehe eine heuchlerische Illusion, eher auf Klassenordnung als auf Gefühl gegründet, und letztendlich eine Sache der Konvention und nicht der Liebe.

Nur in der Arbeiterklasse, die materiell nichts zu gewinnen und nichts zu verlieren habe, könne sich wahre romantische Liebe entwickeln, schrieb Engels. Schon im »Kommunistischen Manifest« von 1848 führten Marx und Engels aus, dass Familie und Liebe nur in einer kommunistischen Gesellschaft, die von Privateigentum und Gewinnstreben, von Herrschafts- und Interessenbeziehungen befreit sei, existieren könnten.

Der Soziologe, Wirtschaftshistoriker und Sozialist Werner Sombart untersuchte in seinem 1912 erschienenen Buch »Liebe, Luxus und Kapitalismus« die Ursachen für die Entstehung des Kapitalismus seit dem Mittelalter.

Vor allem in der Produktion von Luxusgütern und im Heereswesen sieht er Gründe für die Revolutionierung der Ökonomie und die Veränderung der Nachfragestrukturen. Als Grund für die vermehrte Luxusnachfrage sieht er das Mätressentum an den Höfen: Im ausgehenden Mittelalter entstehen zuerst in Italien, dann in Frankreich größere Fürstenhöfe, deren weltliche Herrscher nach dem Vorbild der Kirchenfürsten leben, dem päpstlichen Prunk nacheifern wollen. Ab dem späten 13. Jahrhundert brachte die Plünderung des Orients und die Entdeckung der Edelmetallvorkommen in Afrika Reichtum nach Europa, der erstmals nicht mehr auf Grundbesitz gegründet ist. Daraus entsteht ein neues höfisches Leben und ein neuer Adel – wohlhabende Bürgerliche werden in den Adelsstand aufgenommen. Das Mätressentum am Hofe bildet sich aus und wird gesellschaftsfähig. Die notwendige Voraussetzung für den Unterhalt der Mätressen liegt in einer enormen Luxusentfaltung. Sombart betont den Einfluss der Geliebten und Konkubinen auf die Gesellschaft: Der beginnt bei der Beeinflussung von Moden – denn die Ehefrauen mussten sich wohl oder übel bemühen und den Moden nacheifern, wollten sie von den Konkubinen nicht vollends in die Bedeutungslosigkeit gedrängt werden – und reicht bis zum Einfluss auf das gesamte gesellschaftliche Geschehen – auf die Fürsten, die für ihre Geliebten Schlösser bauen, auf die Luxusindustrie, die etwa von der Zuckersucht der Mätressen lebte und von der Lust auf feine Stoffe und Materialien.

Auf die Situation in Deutschland sind diese Beobachtungen aber kaum übertragbar. Bezeichnenderweise gibt es für Begriffe wie Kurtisane, Konkubine, Mätresse oder Cortegiana kein deutsches Wort, nur den wenig eindeutigen Begriff der Geliebten.

Die Wissenschaftler der Frankfurter Schule, die an die Theorien von Marx, Hegel und Freud anknüpften, entwarfen eine Kapitalismuskritik, in der die Liebe einen Ehrenplatz einnahm.

So befand Herbert Marcuse, das erotische Verlangen könne und müsse von den psychischen und ökonomischen Anforderungen des kapitalistischen Produktionssystems befreit werden.

Erich Fromm folgte Marcuses Kritik, lieferte jedoch eine andere Analyse der Beziehung zwischen Kapitalismus und Liebe. In »Die Kunst des Liebens« behauptet Fromm 1956, dass die moderne Liebe mit den gleichen Begriffen wie die kapitalistischen Austauschbeziehungen erfasst werde. Das moderne Liebespaar sei zu einem »Arbeitsteam« geworden und habe damit die Werte und Denkweisen der modernen ökonomischen Verhältnisse übernommen.

Auch der Arbeitskreis »Politische Psychologie«, der 2005 zu dem Thema »Liebe und Kapitalismus – eine verhängnisvolle Affäre« in Frankfurt getagt hatte, kam zu dem Ergebnis: Die große Liebe gibt es nicht.

»Liebesgefühle entstehen nicht aus sich heraus, sie sind das Resultat einer gekonnten Inszenierung«, sagte Rolf Haubl, Direktor des Sigmund-Freud-Instituts in Frankfurt, in seinem Vortrag »Romantische Liebe im Zeitalter ihrer technischen Reproduzierbarkeit«: »Liebe, die wie eine Naturgewalt über den Menschen hereinbricht, ist ein Liebesideal der Romantik. In der Realität reichen nur wenige Symbole aus, um Gefühl zu erzeugen – ein romantischer Abend beim Candle-Light-Dinner, rote Rosen, Musik, Vollmond.«

Der Romantik-Tourismus macht sich das zunutze, obwohl es da auch zu Rückschlägen kommen kann. So wurde auf dem Psychologenkongress von einem Paar berichtet, bei dem trotz Romantikurlaub in der Karibik keine entsprechenden Gefühle aufkamen. Es klagte gegen den Reiseveranstalter – das Gericht sprach ihm eine Preisminderung von 30 % zu.

Kreuzberg 36, 1. Mai

Nun ist er also da, der liebe schöne Monat Mai, auf den wir den ganzen Winter lang gewartet haben, und er kam ganz unspektakulär und friedlich dieses Jahr. Der Mai ist ja der Monat der Überforderung, schon am 1. Mai hätte man sich in Berlin zwischen 41 angemeldeten Demonstrationen entscheiden müssen.

Wer seit 26 Jahren den ersten Mai bis auf wenige Ausnahmen in Kreuzberg verbringt, muss mit Wiederholungen rechnen, denn es sind doch immer die gleichen schönen Bilder und Gefühle: Das »MyFest« auf dem Mariannenplatz, die Köfte-Rauchschwaden über der Adalbertstraße, die Oriental-Dance-Szenen am Feuerwehrbrunnen, das Auftauchen sämtlicher fast schon vergessener Musik- und Jugendkulturen in der Oranienstraße. Dann das schleichende Eintreten einer großen Müdigkeit, Überforderung und die Erkenntnis, dass das Rumlatschen auf Stadtfesten doch recht sinnlos ist.

Trotz dieser festen Größen gab es dieses Jahr doch ein paar Neuerungen: Die Demo der Maoisten fiel aus, dafür waren die Hells Angels als Anti-Konflikt-Team unterwegs. Neben den üblichen »MyFest«-Helfern gab es »MyFest«-Flaschenbeauftragte, die entsprechende T-Shirts trugen, sich wohl ums Glas kümmern sollten, aber eher auf unnachahmliche Jungsart wichtigtuerisch herumlungerten. Gleichzeitig war zu beobachten, dass sich die »Späti«-Kultur immer weiter verfeinert und professionalisiert. Die Skalitzer Straße entlang hieß es: Kein Falafelladen ohne DJ-Line-Up!

Während in der Oranienstraße modisch das Polit-Outfit überwog, traf man am Spreewaldplatz wandelnde Freiheitsstatuen, Balletttänzerinnen, Barbies mit goldenen Hula-Hoop-Reifen als Accessoires, und im Görlitzer Park wurde gleich an drei Stellen – vor dem Edelweiß, am Pisstunnel und am Hügel – open air geravt.

Viele neue Fragen kamen an diesem Tag der Arbeit auf: Ist der 1. Mai jetzt eine informelle Loveparade? Wie schafft man es, einen ganzen Hügel unter Federn zu setzen? Und gehören der blasse Typ im Häschenkostüm, der fortwährend theatralisch »Ich bin die Revolution!« ausruft, und sein Kollege, ein effekthascherisch Meditierender in schwarzem Satin, zur Generation der neuen Raver, oder sind es nur dämliche Performer?

Mai also. Und jetzt geht das Überangebot grad so weiter. Auf einen Schlag soll man also die Winterdepression überwinden und outdoor aktiv werden. Was alles im Mai neu aufmacht: Das Kreuzberger Badeschiff, sämtliche Schwimmbäder, das Wannseebad, die neue Bar 25, aber auch dreißig andere Strandbars, achtzehn Freilichtkinos und so fort.

Lange hatte ich auf die kahlen Bäume im trostlosen Hinterhof gestarrt, und jetzt dieses Grün plötzlich, diese weißen, blühenden Kerzen der Kastanienbäume! Es ist schön, aber es kam dann so plötzlich. Kann ich es auch wirklich genießen? Bin ich lange genug draußen, hätte ich nicht schon längst das Fahrrad flottmachen müssen und mich zu den Tausenden von jungen Müttern, alten Punks, Kleindealern, Studenten und Langzeitarbeitslosen in den überbevölkerten Parks gesellen sollen, die da stillen, chillen und grillen? Müsste ich mich nicht wie die anderen ausziehen, ausstrecken, bräunen, Frisbee, Fußball, Hacky-Sack, Akustikgitarre, Diabolo spielen? Guerillagärtnern? Muskeln ausdefinieren? Bälle jonglieren, Hunde rumkommandieren?

Zum Glück ist es wieder kühler geworden, damit bleibt noch eine Schonfrist, sich an die neue Jahreszeit zu gewöhnen. An all die idiotischen Liebespaare, die unter blühenden Bäumen stehen oder auf Decken im Park lagern und sich stumpf-romantisch in die Augen glotzen, ihre Gesichter betrachten und mit empfindsamen Fingern zart die Augenbrauen des anderen nachzeichnen. Ekelhaft.

PSYCHOLOGISCHE LIEBESTHEORIEN

Jedes Paar bildet sich zumindest in der Anfangszeit ein, einzigartig unter den Liebespaaren zu sein, nichts anderes verlangt ja das Romantikgebot unserer paarorientierten Gesellschaft. Trotzdem haben die Liebesforscher und Soziologen allgemeine Muster und Stereotypen in Beziehungen herausgearbeitet. Im Folgenden sollen die wichtigsten psychologischen und soziologischen Konzepte der Liebe vorgestellt werden.

In der neueren psychologischen Forschung ist man zum Glück ja weiter als in der Medienwelt, dort wird das Phänomen »Liebe« mehrheitlich als vielschichtiges Konstrukt betrachtet, in dem Einstellungen, Gefühle und Verhaltensweisen einer Person gegenüber einer anderen abgebildet werden.

Rubins »Love / Liking«-Skalen

Der amerikanische Sozialpsychologe Zick Rubin hat diese Mehrdimensionalität als Erster konzeptualisiert. Rubin entwickelte in den siebziger Jahren mit den »Love and Liking Scales« ein Messsystem der Liebe, mit dem einzelne Bestandteile von »Lieben« und »Mögen« erfasst werden sollten.

Zur Entwicklung seiner »Love and Liking Scales« wurden aus philosophischer und theoretischer Literatur entnommene Zitate in Form von Testfragen formuliert, die anschließend von studentischen Versuchspersonen nach Aussagen geordnet wurden, die sich entweder auf einen Liebespartner oder einen Freund / eine Freundin bezogen.

Das Beziehungsmodell nach Sternberg

Die amerikanischen Sozialpsychologinnen Berscheid und Walster unterscheiden 1974 zwei Grundformen der Liebe: Leidenschaftliche und partnerschaftliche Liebe, wobei die leidenschaftliche Liebe bei längerer Dauer der Beziehung häufig in partnerschaftliche Liebe übergeht.
Was ja meinen Beobachtungen zufolge noch ein Glücksfall ist – die andere häufig vorkommende Variante wäre der Übergang zu Hass und Verachtung.
Sternbergs Dreikomponententheorie aus dem Jahr 1986 schlägt eine mehrdimensionale Theorie der Liebe vor, wonach sich jede Art von Liebe aus einer jeweils unterschiedlichen Gewichtung der Komponenten Leidenschaft, Intimität und Bindung / Entscheidung zusammensetzt. Kombiniert man die Komponenten, lassen sich sieben unterschiedliche Arten von Liebe damit beschreiben. So drückt sich die Kombination von Intimität und Leidenschaft (bei Abwesenheit von Bindung) in »romantischer Liebe« aus, während die Kombination von Intimität und Bindung (bei Abwesenheit von Leidenschaft) auf eine »partnerschaftliche Liebe« hinweist.

Das gleichzeitige Vorhandensein aller drei Komponenten bezeichnet Sternberg als »vollständige Liebe«. Bei der »albernen Liebe« sind zwar Leidenschaft und Bindung vorhanden, es fehlt aber die Intimität.

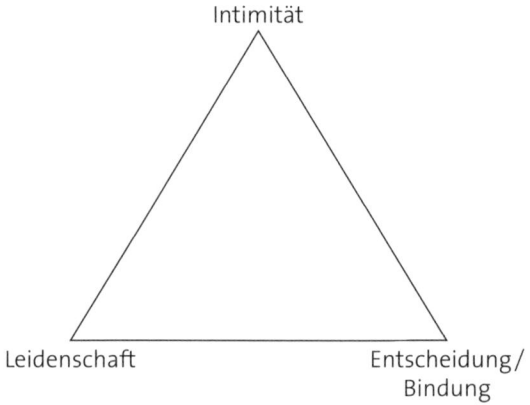

Die drei Komponenten der Liebe nach Sternberg

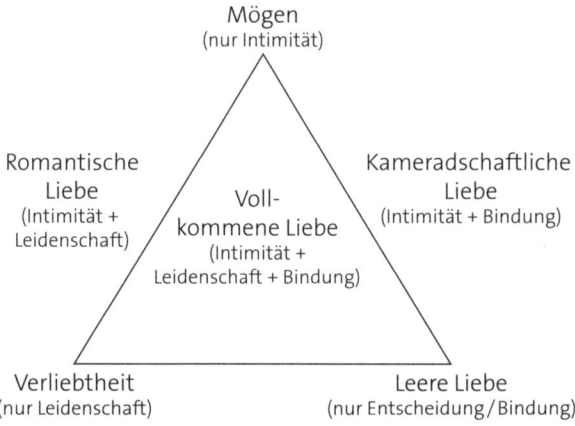

Lokalisation der acht Kombinationen aus den drei
Komponenten der Liebe im Sternberg'schen Dreieck

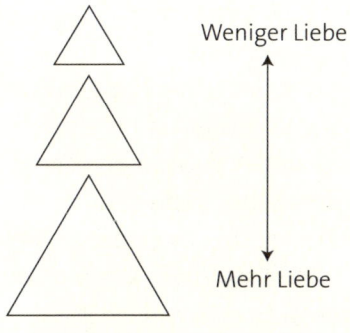

Weniger Liebe

Mehr Liebe

Graphische Darstellung des
Ausmaßes an Liebe

»Love Acts« – Die Liebeshandlungen nach Buss

Aber Liebe ist nicht nur ein Zustand, der beschrieben werden kann, Liebe äußert sich auch in bestimmten Tätigkeiten. Deshalb hob der amerikanische Psychologe David Buss 1988 diesen Aspekt hervor und formulierte eine Evolutions-Theorie der Liebe. Er nimmt an, dass sich die sogenannten »Love Acts« im Laufe der Evolution durch natürliche Auslese entwickelt haben. Aus seinen Beobachtungen geht hervor, dass sich Liebeshandlungen hauptsächlich in Liebesbeziehungen und in Eltern-Kind-Beziehungen bzw. in anderen verwandtschaftlichen Verhältnissen abspielen.

Diese Beziehungen stellen einen entscheidenden Faktor für die Reproduktion dar, weil diese Liebeshandlungen für den Fortpflanzungserfolg wichtig sind. Die Love Acts betreffen mehrere Bereiche: Zurschaustellung von Ressourcen, Exklusivität (z. B. Treue), Bindung und Heirat, sexuelle Intimität, Reproduktion, Teilen von Ressourcen und elterliches Investment.

Zur Ermittlung der Liebeshandlungen wandte Buss den »Act Frequency Approach«, zu deutsch Handlungshäufigkeits-Ansatz, auf das partnerschaftliche Verhalten an. In diesem Messverfahren wird gezählt, wie oft innerhalb einer gegebenen Zeit die untersuchte Person die für die Liebe typischen Verhaltensweisen ausführt. Die Top-40 der prototypischen Love Acts nach Buss:

1 She agreed to marry him.
2 She remained faithful to him when they were seperated for more than a month.
3 He called her when she was feeling down.
4 He canceled his plans in order to be with her when she was upset.
5 She gave up going out with other men for him.
6 She listened devotedly to his problems.
7 He resisted the sexual opportunity he had with someone else.
8 He told her that he wanted to marry her.
9 She stuck up for him when someone tried to put him down.
10 She told him I love you.
11 He put up with her bad days.
12 He told her that he wanted to have children with her.
13 He talked to her about marriage and the future.
14 She took care of him when he was sick.
15 She talked to him about her personal problems.
16 He ignored the other attractive females at the party.
17 He traveled a long distance to be with her.
18 He gave her verbal support for her tough decision.
19 She told him a very private secret about her past.
20 She gave him a symbolic ring.

21　He told his friends that he was madly in love with her.
22　He gave her a prolonged hug.
23　She became distraught after she had a fight with him.
24　She said I miss you when she hadn't seen him for a day.
25　He surprised her with a gift.
26　He cooked a special meal for her.
27　He called her up when he needed help.
28　She dropped by unexpectedly just to see him.
29　She lost sleep thinking about him.
30　He went for a walk with her at night.
31　He gazed into her eyes.
32　She nuzzled him.
33　She wrote him a poem.
34　He bought her a special present.
35　He wrote her a love note.
36　She worked to keep in shape for him.
37　She spent the night with him.
38　He held her hands.
39　He made love to her.
40　She cried when he had to go away for a time.

Neben diesen bekannteren Liebestheorien gibt es natürlich noch jede Menge weitere Bindungstheorien, Bindungstypen, Modelle der Partnerwahl und Persönlichkeitstheorien, auf die wir später noch zu sprechen kommen werden.

Der überwiegende Teil dieser Studien wurde in den USA durchgeführt. Die Forscher selbst stellen dabei in Frage, dass die in westlichen Industrienationen gewonnenen Erkenntnisse über die Liebe auch in anderen kulturellen Kontexten Gültigkeit besitzen.

In kollektivistisch geprägten Gesellschaften liegt die Betonung auf der Gemeinschaft, in die der Einzelne integriert ist und von der er abhängt. Daher werden hier

die persönlichen Interessen immer auch daraufhin über-
prüft, inwieweit sie mit den Zielen der Gemeinschaft
vereinbar sind.

Die sechs Liebesstile nach Lee

Die bisher vollständigste Beschreibung der Spielarten
der Liebe in intimen Beziehungen stammt von dem ka-
nadischen Soziologen John Lee. Er entwickelte 1973 seine
multidimensionale Theorie nach ausgiebigen historischen Studien der westlichen Kultur der letzten zweitausend Jahre, sammelte dazu über viertausend Aussagen
zur Liebe aus der Literatur, z. B. aus Schriften von Freud,
Plato, Paulus, Lessing bis zu D. H. Lawrence, sowie aus
persönlichen Erfahrungen. Aus dieser Studie ergaben
sich sechs Liebesstile.

1. Eros

Eros ist in der griechischen Mythologie die Gottheit,
die das Feuer der Liebe entfacht. Er gilt als Sohn des
Kriegsgottes Ares und der Liebesgöttin Aphrodite,
worin schon die Zwiespältigkeit der Liebe liegt. Eros
entspricht weitgehend unseren Vorstellungen der romantischen Liebe. Auch die mystifizierte »Liebe auf
den ersten Blick« entspricht dem Eros-Stil. Ihre Merk-
male sind Leidenschaft und sexuelle Zuneigung. Romantisch Liebende nehmen den Partner als physisch
anziehend und ihr Sexualleben als stark und befrie-
digend wahr. Diesen Liebesstil finden wir sehr oft in
Popsongs und Hollywoodfilmen vor, z. B. in »Titanic«,

»Pretty Woman«, »Die blaue Lagune« und »Die Rückkehr zur blauen Lagune«.

2. **Storge** – die kooperative Liebe.
Storge ist das altgriechische Wort für die Liebe zwischen Geschwistern oder Spielkameraden. Als Storge
bezeichnet Lee eine leidenschaftslose, kameradschaft-
liche Form der Liebe zwischen Partnern »love without
fever or folly«. Sie entwickelt sich sehr langsam. Personen dieses Typs lernen sich kennen und entscheiden,
ob sie zusammenpassen könnten. Die freundschaft-
liche Liebe ist eher das Ergebnis gemeinsamer Interessen und Gewohnheiten; oft erwächst sie aus einer
bereits bestehenden Freundschaft. Kommt in Literatur und Film eher selten vor, etwa bei »Unsere kleine
Farm«, »Das A-Team«, »Das weiße Band« oder bei »Die
Manns«.

3. **Agape**
Ursprünglich Gottes reine, göttliche Liebe, aber auch
die interessenlose, selbstlose, altruistische Liebe. Beruht eine Partnerschaft in erster Linie auf Opferbereit-
schaft und Selbstlosigkeit, spricht Lee von altruis-
tischer Liebe: Hier steht das Wohl des Partners vor
dem eigenen. Die Selbstaufgabe geht sogar so weit,
dass der Agape-Liebende auf die Beziehung verzichtet,
wenn er zu der Einsicht gelangt, das geliebte Objekt
wäre ohne ihn oder mit jemand anderem glücklicher.
Agape ist ein sehr selten praktizierter Liebesstil,
kommt aber ab und zu in Literaturverfilmungen wie
»Die Bibel« oder bei »Forrest Gump« vor.

4. Mania – bedeutet »Raserei und Wahnsinn«.
Die besitzergreifende Liebe ist durch das Gefühl der Eifersucht und die dauernde Konzentration auf den anderen bestimmt. Im Extremfall kreist das ganze Denken um sie oder ihn. Die Partnerschaft wird zur Besessenheit. Das Verhalten von Menschen des Liebesstils Mania weist zahlreiche Widersprüche auf. In Beziehungen sind sie sehr besitzergreifend und eifersüchtig. Es besteht ein sehr großes Verlangen nach Bestätigung der Liebe durch den Partner. Manische Liebe im Film kommt bei »Misery«, »Taxi Driver« und »Eine verhängnisvolle Affäre« vor.

5. Ludus – lateinisch »das Spiel«.
Bezeichnet in Lees Typologisierung die spielerische Liebe. Ludus-Liebende wollen nicht ihr Leben der Entwicklung einer einzigen Partnerschaft widmen und sich in der Liebe festlegen. Idealvorstellungen von einem Partner haben sie nicht, sie bevorzugen es, eine Vielzahl verschiedener Partner kennenzulernen. So kann es vorkommen, dass der Ludus-Liebende mehrere Beziehungen gleichzeitig führt. Auch kann er schnell von einem Partner zum nächsten wechseln. Ein zu enger Kontakt wird vermieden. Filme: »Gefährliche Liebschaften«, »Eiskalte Engel«.

6. Pragma – der Nutzen.
Die pragmatische Liebe wählt den Partner aus Vernunftgründen und zum Zweck einer vorteilhaften Beziehung (»Familie Feuerstein«). Gefühle werden eher verdrängt oder weniger wichtig genommen. Pragma-

tisch Liebende haben eine genaue Vorstellung von ihrer Zukunft, mit der die Partnerschaft vereinbar sein muss. Diesen Liebesstil finden wir sehr oft bei Jane Austen (»Stolz und Vorurteil«, »Gefühl und Verstand«); da Frauen zu ihrer Zeit vom Erbrecht benachteiligt wurden, blieb den Frauen des Landadels nur die pragmatische Versorgungsehe oder das Gouvernantenschicksal.

Ein und dieselbe Person kann aber auch mehrere Liebesstile gleichzeitig in sich vereinen: Beispielsweise kann jemand, der sehr aufopfernd liebt, ohne weiteres zu Untreue neigen. Romantische, besitzergreifende und altruistische Liebe hängen positiv zusammen: Wer Romantik für wichtig hält, ist auch eher eifersüchtig und opferbereit. Diametral gegenüber stehen sich romantisch und spielerisch: Romantisch Liebende suchen sel-

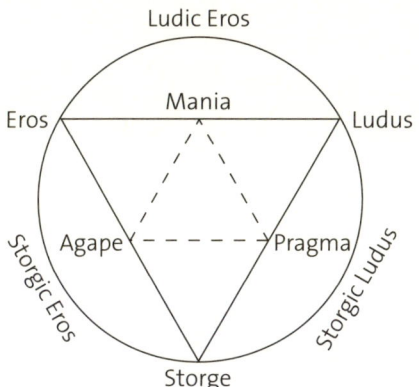

Graphische Darstellung der Liebesstile
nach Lee (1988, S. 54)

ten sexuelle Abenteuer. Möglich sind aber »Storgic Eros«, »Ludic Eros«, »Storgic Ludus«. Es gilt die Regel: Je näher sich zwei Liebesstile sind, desto besser passen sie zusammen.

Zur Liebestheorie Lees wurde auch ein Messinstrument entwickelt, ein Fragebogen mit jeweils zehn Fragen zu den Liebesstilen. Der deutschsprachige Fragebogen zur Erfassung der Liebesstile trägt den schönen, romantischen Namen Marburger Einstellungs-Inventar der Liebesstile (MEL).

Sommer

»Die Liebe ist für die Männer immer so praktisch gewesen, dass der Gedanke naheliegt, dass sie sie erfunden haben.«

JILL TWEEDIE, *Die sogenannte Liebe*

Public Viewing, 17. Juni

Endlich – und gleichzeitig aber auch sehr plötzlich – ist es warm geworden. Vom unterkühlten Frühling sind wir gleich in den WM-Sommer gerutscht.

Es ist eine schöne Zeit. Es ist warm, jeder geht raus, man trifft sich zum Fußballgucken. Es ist die große Zeit der Cliquen und Tippgemeinschaften, hinter denen die Pärchenzwangsmatrix ein wenig zurücksteht.

Dieses Jahr hat in Kreuzberg wirklich jeder Imbiss, jeder Nussladen, jede Dönerbude und Falafelstation, jede Sushi- und Cocktailbar, jeder Späti eine Leinwand auf der Straße, so dass man – auch wenn man auf den Straßen unterwegs ist – im Gehen das ganze Spiel verfolgen kann. Der liebliche Ton der Vuvuzelas begleitet den Spaziergang, ebbt manchmal etwas ab und schwillt wieder an, wenn man sich dem nächsten Bildschirm nähert. Abends auf dem Balkon dröhnen die Vuvuzelas aus den Lautsprechern der umliegenden Bars und mischen sich mit dem Fernsehersound, der durch die geöffneten Fenster der Wohnhäuser kommt.

Die schwermütige Vuvuzela passt gut zu dem Geruch der Linden, dieser wehmütige Sommergeruch, der so sehr mit Berlin verbunden ist, eigentlich wie ein billiges, zu süßes H&M-Parfüm, und trotzdem macht er so sehnsüchtig, als erinnere man sich jedes Jahr wieder an eine vergebliche Sommerliebe, an eine Enttäuschung, die aber so weit zurückliegt, dass sie nicht mehr wirklich weh tut, sondern nur noch diese schöne Wehmut transportiert.

Seltsamerweise geht es aber ganz vielen Menschen im Sommer so mit dem Geruch der Linden, und keiner, den man fragt, kann ihn mit einer persönlich-biographischen Traurigkeit verbinden. Vielleicht ist es die Ahnung, dass jetzt, wo der Sommer da ist, die Zeit immer schneller vergeht und wie jedes Jahr alles Schöne zu schnell vorbei sein wird. Aber vielleicht enthält der Lindenduft dann doch wieder nur einen Botenstoff, der Melancholie und Wehmut im Gehirn auslöst? Ist denn alles, jeder Gemütszustand einzig und allein auf biologische Funktionen, auf die Chemie zurückzuführen? Sind wir denn wirklich der Chemie hilflos ausgeliefert?

DIE CHEMIE DER LIEBE ODER
DER EHRBARE BERUF DES LIEBESFORSCHERS

Seit etwa zwanzig Jahren schon hat die Naturwissenschaft bei der Liebesforschung das Sagen, interessieren die sozial- und geisteswissenschaftlichen Thesen zum Thema weniger.

Wo vorher die Geisteswissenschaften zur Klärung herangezogen wurden, wo man über die politisch-ökonomischen, kulturhistorischen Gegebenheiten nachdachte, unter denen Menschen so leben, vertraut man jetzt der Evolutionsbiologie und der Chemie, werden die biologischen Einflüsse als ur-eigentliche, unverbrüchliche angesehen. Hinter dieser Hinwendung zur Chemie und Biologie steckt vielleicht auch der Wunsch, die Verantwortung für das eigene Verhalten abzugeben: Wir können nix machen, wir sind ausgeliefert, wir sind Sklaven unserer Chemie und der Botenstoffe!

Seit Mitte der neunziger Jahre tauchen vermehrt Artikel auf über »Die Hormone als Regisseure der Liebe«, über geheimnisvolle Sexuallockstoffe, körpereigene Opiate, endogene Endorphine, über den »Dialog der Düfte«, den es zu entschlüsseln gilt. Man berichtet über die chemischen Hintergründe von Zärtlichkeit und Treue, darüber, wie Moleküle unsere Emotionen steuern, über die geheimen Wirkstoffe der Liebe und wie unser Hormonhaushalt angeblich Achterbahn fährt, wenn wir verliebt sind.

Die altbekannten Geschlechtshormone und chemischen Botenstoffe wie Testosteron und Östrogen sind zurzeit aber schon wieder out – schließlich kommen sie bei Männern und Frauen vor, können die unterschiedlichsten Dinge bewirken und eignen sich daher nicht so gut für die zurzeit so beliebten »Warum Frauen so und Männer so sind«-Aussagen. Aber das Oxytocin erlebte als beliebtestes Hormon in den letzten Jahren großen Aufschwung.

Oxytocin gilt als wichtiges Liebeshormon. Es wird vom Hypothalamus produziert und kann entweder im Gehirn selbst an bestimmten Nervenzellen wirken oder im übrigen Körper, wenn es von der Hirnanhangdrüse in winzigen Mengen abgegeben wird und ins Blut gelangt. Zwar spielt es hauptsächlich bei der Geburt und beim Stillen eine Rolle, es gilt aber heute als Kuschelhormon, Bindungshormon und Treuehormon, denn beim Orgasmus werden hohe Dosen Oxytocin freigesetzt, die dann angeblich die Paarbindung unterstützen.

Larry J. Young, Professor für Psychatrie und Verhaltensforschung an der Universität Atlanta, hält es in seinem Essay »Love. Neuroscience Reveals All« für höchstwahrscheinlich, dass es bei beständigen sozialen Bindungen eine gemeinsame neurologische Basis von Tieren und Menschen gibt.

Sowohl bei Menschen als auch bei Ratten oder Schafen wird während des Geburtsvorgangs und beim Stillen das Hormon Oxytocin ausgeschüttet. Mutterschafe, denen Oxytocin gespritzt wird, binden sich sehr schnell an ein fremdes Lamm. Noch sensationellere Forschungsergebnisse zum Thema Paarbindung haben wir aber ausgerechnet der kleinen Präriewühlmaus zu verdanken.

Bahnbrechende Untersuchungen an Prärie- und Berg-wühlmäusen lassen Forscher vermuten, dass das Hormon Oxytocin für Treue und soziale Bindungsfähigkeit verantwortlich ist. Die Präriewühlmaus (Microtus ochrogaster) zeigt nämlich im Gegensatz zur polygamen Bergwühlmaus langfristige Partnerbindungen. Und während die freiheitsliebenden Hallodri-Bergwühlmäuse wenig von dem Treuehormon ausschütten, zeigt sich bei den häuslichen Präriewühlmäusen ein sehr hoher Oxytocin-Spiegel.

Es gibt allerdings auch Untersuchungen, die zeigen, dass die treue Präriewühlmaus zwar eher familiär und sozial monogam ist, allerdings durchaus sexuelle Abenteuer sucht. Aber wenn Wühlmäuse und Menschen verglichen werden, fallen solche Feinheiten auch mal unter den Tisch.

Bevor man jetzt die Präriewühlmaus als leuchtendes Treuevorbild hochhält, sollte man bedenken, dass so ein Präriewühlmausleben ja nur zwei bis drei Jahre währt, eine Zeitspanne, in der auch menschliche Paarbeziehungen meistens noch ohne größere Schwierigkeiten auszuhalten sind.

Monogame Präriewühlmaus   Polygame Bergwühlmaus

Nachdem das Oxytocin Karriere gemacht hat, wurden die Pheromone entdeckt. Sie entscheiden praktisch alles und ließen Forscher und Medienwelt vollends durchdrehen.

Im Tierreich wird das Sexualleben vielfach durch Ausdünstungen, genannt Pheromone, geregelt. Dort sorgen diese Erkennungs-, Warn- oder Sexuallockstoffe dafür, dass sich die Paarungspartner zur richtigen Zeit treffen.

Der deutsche Biochemiker Adolph Butenandt erforschte in den fünfziger Jahren bei der Seidenraupe erstmals ein Pheromon, das die Lust des Partners weckt. Heute ist das Wirken der Pheromone bei Insekten gut erforscht. Schon bei den Wirbeltieren sind die Aussagen zu den Pheromonen spekulativ, weil die Art der chemischen Stoffe noch ungeklärt ist.

Sicher identifiziert wurden Pheromone bislang bei Wildmäusen, Moschushirschen (Moschus moschiferus), bei der Zibetkatze (Viverra civetta) und bei Hamstern. Zu Pheromonen bei Menschen gibt es hingegen nur wenige gut überprüfbare Untersuchungen.

In Versuchsreihen ließ man Frauen an verschiedenen Männerunterhemden schnüffeln, destillierte eine Essenz aus verschwitztem Männerachselhaar oder man präparierte Stühle in einer Arztpraxis mit Pheromonen und fand heraus, dass die Mehrzahl der Frauen sich auf den präparierten Stuhl setzte.

Vor allem Männerzeitschriften wie »Penthouse« und »Playboy«, aber auch »Stern« und »Spiegel« (Schlagzeile: »Geile Düfte«) frohlockten über die angebliche Entdeckung eines Sexuallockstoffes beim Menschen. Die Vorstellung, man könne nur mittels eines Duftstoffs einfach unwiderstehlich für das andere Geschlecht sein, beflügelte vor allem die Phantasien des heterosexuellen Mannes.

Man müsste doch nur ein Pheromon-Parfüm herstellen, und die Frauen würden den Lockstoffträger umschwärmen wie die Motten das Licht! An dieser Stelle wurde die Pheromon-Euphorie aber von der Geruchsforscherin Regina Maiworm vom Psychologischen Institut der Universität Münster gebremst.

Sie konnte anhand einer Studie zeigen, dass Frauen unter dem Geruchseinfluss des männlichen Hormons Androsteron diejenigen Testmänner als noch erotischer einschätzten, die sie schon vorher ansehnlich gefunden hatten.

Das heißt: Wenn die Optik nicht stimmt, kann die Chemie auch nichts mehr retten!

Bei den im Internethandel erhältlichen Pheromonparfüms wird die Wirkung als fraglich eingestuft. Und die körpereigenen Pheromone sind erst 24 Stunden nach der letzten Achselwäsche und auch nur in einer Riechweite von wenigen Zentimetern wahrnehmbar. Bevor sie zu einem Rendezvous gehen, duschen oder baden jedoch die meisten Menschen.

Ist also das, was man gemeinhin »Liebe« nennt, nur ein Wort für verschiedene hormonelle und neurologische Abläufe, und wenn ja, könnte man dann der Einfachheit halber nicht die entsprechenden Medikamente entwickeln?

Versuche haben gezeigt, dass Oxytocin-Nasenspray das Vertrauen stärkt. Könnte so ein Nasenspray dann nicht aufwendige Paartherapien ersetzen? Auch wer unter allzu großer Schüchternheit leidet, kann in der Internet-Pheromon-Parfümerie erfolgversprechende Produkte erwerben. Dort kann man heute schon ein »Enhanced Liquid Trust« – das heißt so viel wie verbesserte Treue-Tröpfchen – zur Bindungssteigerung erwerben, und ein Eau de Toilette aus Oxytocin und Pheromonen verspricht das Dating- und Beziehungsleben anzukurbeln. Für Männer empfiehlt sich die Marke »Contact 18«, für Frauen »Désirée 22«.

Die weitgehend ungeklärte Wirkung von Pheromonen bei Wirbeltieren wurde in der Populärkultur genutzt, um mit ihrer Hilfe außergewöhnliche Effekte zu erklären. So können bei »Star Trek« weibliche Orionen ein Sexual-pheromon absondern, in dem Thriller »Snakes on a Plane« werden Schlangen durch Pheromone aggressiv und greifen die Passagiere eines Flugzeugs an. Poison Ivy, dargestellt von Uma Thurman, benutzt in »Batman & Robin« ein Pheromonextrakt, um Männer zu manipulieren, und in »Ocean's 13« will Linus alias Pepperidge sich mit Hilfe eines Duftstoffes unwiderstehlich machen und Abigail Sponder verführen, die als Einzige Zutritt zum Diamantenraum hat.

Untersuchungen an frisch Verliebten haben ergeben, dass sich deren Gehirnchemie von der nichtverliebter Menschen unterscheidet. Das ließ den Schluss zu, dass am Anfang einer Beziehung, das Gehirn viel Dopamin und Noradrenalin, aber weniger Serotonin ausschüttet.

Die Verliebtheit beeinflusst offenbar das vom Neuro-transmitter Dopamin gesteuerte Belohnungssystem, auf das beim Menschen auch Nikotin, Heroin und Kokain wirken.

Die bei Verliebten auftretenden chemischen Vorgänge im Gehirn wurden auch mit denen zwangsneurotischer Patienten verglichen – was die These zuließ, dass starke Verliebtheit einer psychischen Erkrankung gleicht. Dieser Zustand klingt aber normalerweise nach drei Monaten ab.

Auch bei der Partnerwahl spielt Chemie nach Ansicht der Liebesforscher eine Rolle.

Die amerikanische Anthropologin Helen Fisher verspricht in ihrem 2010 erschienenen Buch »Why him? Why her?« neurobiologisch fundierte Unterstützung bei der Partnersuche. Fisher teilt, wie viele ihrer Kollegen aus der ehrbaren Zunft der Liebesforscher, die Welt ein wenig schematisch ein – die Kategorien verlaufen jedoch bei ihr nicht entlang der Geschlechtergrenze und sind zumindest ansatzweise durch wissenschaftliche Befragungen abgesichert. Wer zu wem passt, darüber entscheiden ihrer Ansicht nach zumindest grob vier Botenstoffe und Hormone.

Die Anthropologin unterscheidet die Grundtypen: »Entdecker«, »Baumeister«, »Regisseure« und »Diplomaten«, die auf vier verschiedenen chemischen Systemen im Gehirn basieren. Entdecker haben demnach ein aktives Dopaminsystem, Regisseure werden stark vom Testosteronsystem und Diplomaten vom Östrogensystem beeinflusst. Der vierte Persönlichkeitstyp, der Baumeister, wird vom Serotoninsystem geprägt.

Paare harmonieren nach Helen Fisher zum Beispiel besonders gut, wenn einer von beiden ein analytisch denkender, entscheidungsfreudiger Regisseure-Typ ist und der andere eher ein intuitiver, phantasievoller, wortgewandter Diplomat.

Und natürlich gibt es – wie bei allen Liebesstilen, Persönlichkeits- und Bindungstypen – wieder jede Menge Mischformen.

Bei all den Forschungen zur Chemie und zur Liebe fragen sich die Betroffenen aber zu Recht: Was nützt mir das Wissen über den sinkenden Serotoninspiegel, wenn ich unglücklich bin? Und wenn der andere nicht verliebt ist, weil seine Neurotransmitter nicht funktionieren – was habe ich davon?

Private Viewing, 28. Juni

Fußball-WM: Nun geht es schon aufs Halbfinale zu.
Wenn das Spiel ein bisschen langweilig wird, wirft J. im-
mer wieder die gleiche Frage in die gesellige Runde:
»Wenn du müsstest – wen würdest du nehmen?«

»Wenn du müsstest?« ist als Gedankenspiel um eine romantische Affäre oder eine Beziehung zu verstehen. Ursprünglich hieß es: »Welchen von den Spielern würdest
du aussuchen?« Da aber in unserer Private-Viewing-
Gruppe immer öfter die naheliegende Antwort »Keinen!« kam, wurde die Frage durch das drohende »Wenn
du müsstest« ergänzt. »Keinen? Aber wenn du müsstest!
Wenn deine Katze sonst sterben würde oder sonst was
Schlimmes passieren würde – wen würdest du dann
nehmen?«

Das sorgt dann immer für Heiterkeit und Verzweiflung,
weil kaum einer der Anwesenden in irgendeiner Mann-
schaft fündig wird, selbst wenn man noch so viele
Abstriche, was den Charakter angeht, macht und auch
sonstige Kritikpunkte so weit wie möglich außen vor
lässt. »Es sind eben Fußballer, keine Philosophen«, wird
immer wieder gemahnt, wenn sprachliche Schwächen
der Spieler bemängelt werden.

Andererseits entspricht auch keiner aus unserer WM-
Gruppe den Anforderungen der Berufsgruppe der »Spie-

lerfrauen« – einer Unterart der Obergruppe »Trophy Woman« – oder »WAGs« (Abkürzung für »Wifes And Girlfriends«, wie die Spielerfrauen in der kreativeren englischen Sprache genannt werden).

Der Begriff »Spielerfrau« transportiert ja schon ein Rollenverständnis aus den fünfziger Jahren, als die Frau eines Apothekers noch ganz selbstverständlich die Frau Apotheker war.

Die Spielerfrau kümmert sich fürsorglich um ihren Mann und soll immer gut aussehen, blond und langmähnig, eine möglichst kleine Konfektionsgröße ist Einstellungsvoraussetzung. Zu zwei Anlässen hat die Spielerfrau ihren großen Auftritt: Wenn der Fußballheld schwächelt und wenn ein großes Turnier ansteht.

Sie ist von Beruf gerne Model, aber auch wenn sie studiert oder als Moderatorin arbeitet, beginnt während des Turniers für sie die Anhängsel-Zeit. Die Spielerfrauen-Tätigkeit ist für beide Seiten ein lukratives Geschäft. Fotostrecken und Werbeaufträge winken der Model-Spielerfrau, aber auch der ungeschlacht wirkende Fußballer gewinnt an Ansehen, wenn er plötzlich eine attraktive Freundin hat.

Die echte »Trophy-Frau« lässt eben ihren Freund wie einen Mann und Gewinner aussehen.

Die Sportwissenschaftlerin Christine Eisenbeis hat eine Diplomarbeit über das Phänomen der Spielerfrauen geschrieben. Das Interesse an den Spielerfrauen sei auch deshalb so groß, so Eisenbeis, weil es mittlerweile eine Vielzahl von »People«-Magazinen gebe, die gefüllt werden müssen. Letztendlich gehe es darum, dass auch weibliche Zuschauer für Fußballsendungen gewonnen werden sollen. Dass dies wohl am ehesten durch »Boulevardthemen« passiert, ist traurig genug. Noch trauriger, dass junge Mädchen, die eine Medienkarriere anstreben, schon »Spielerfrau« als Berufsziel angeben. Wie man bei den englischen »WAGs« sieht, kann eine geschickte Fußballerfrau Millionen als Turnschuhmodel, mit Fernsehshows, mit Bestsellern über das eigene Leben und Body-Workout-CDs verdienen, wenn sie es geschafft hat, als Stilikone zu gelten.

Allerdings muss man es auch aushalten, dass die Tribünenplätze der Spielerfrauen abfällig »Hühnerstange« genannt werden.

Obwohl also in unserer privaten WM-Gruppe keiner Spielerfrau oder Spielermann werden möchte, hat das »Wenn du müsstest«-Spiel eine große Anziehungskraft auf alle Geschlechter und wird gerne aus der Sphäre des Fußballs herausgenommen und in anderen größeren Zusammenhängen gespielt – immer dort, wo ein Pool an potentiellen Partnern und Partnerinnen geboten wird. Zum Glück bleibt aber die Erkenntnis: »Wenn du müsstest! Gibt es nicht!«

Kein Mensch muss müssen!

Berlin, 7. Juli

Nach so einer WM oder EM ist man immer ein bisschen angeschlagen, egal, wie es ausgeht. Aber eigentlich liegt der Post-WM-Depression eine tiefergehende Trauer zugrunde. Vorbei ist die Zeit der Geselligkeit des Auf-den-Gehwegen-Hockens, die Zeit der Euphorie, in der es immer etwas zu tun, immer eine Verabredung gab. Was wird nun aus uns werden, was kommt jetzt? Wahrscheinlich erst einmal das Sommerloch.

Es passiert nicht viel zurzeit, viele sind schon verreist. Es kommen auch wenig Aufträge, für Konzerte und Lesungen gilt ja auch die Sommerpause. Hin und wieder tritt ein Politiker zurück. Was der Burnout für Manager und Freiberufler ist, ist ja die »Amtsmüdigkeit« beim Politiker.

Die neue Modekrankheit erwischt meist Männer im besten Alter. Plötzlich wollen sie das schöne Leben jenseits von Parteitagen und Plenarsitzungen entdecken und aussteigen.

Aber auch im Sport kann man amtsmüde werden, ein Fußballpräsident hatte es ganz poetisch ausgedrückt: »Ich spüre eine tiefe Sehnsucht nach dem Privaten.«

Alles Memmen, wohin man schaut! Klar, das Regieren macht nicht so viel Spaß, wenn es überall Schulden, Streit und Probleme gibt. Aber was ist mit unsereins? Fragt uns einer, ob immer alles Spaß macht?

Die Lo-Fi-Boheme kann sich keine Amtsmüdigkeit leisten, obwohl es Gründe genug gäbe, sich amtsmüde zu fühlen: Die Sinnlosigkeit des Musikjournalismus, die Musikindustrie, die Obszönität der Event- und Sponsorenkultur, die allgemeine Dummheit in den Medien, bei Funk und Fernsehen, die verbreitete Plattheit der Gedanken. Immer wieder gibt es neue blöde Bands, mit noch blöderen Jungs! Immer wieder neue Backlashs, ewig währender Sexismus, Ageism!

Die Verflachung des Kulturbetriebs, der Niedergang der Schreibkultur, die Ballermannisierung des Ausgeh-

lebens. Die allgegenwärtige Pärchenlüge, der Partner-
schaftsterror! Es ist immer wieder alles so sinnlos!

Das Wetter! Der trostlose Wechsel der Jahreszeiten, der
aufgeblasene Kunstbetrieb, die dumme Modewelt!

Das ewige Sich-Abstrampeln, das anstrengende Im-
mer-wieder-was-Neues-Überlegen: Neue Musikprojekte,
Buchprojekte, Wohnprojekte, Freundschaftsprojekte.

Aber sind wir deswegen amtsmüde und treten von unseren Ämtern zurück und ziehen uns in unsere Sommer-
häuser nach Sylt zurück? Nein! Zum Glück haben wir
nämlich keine Pensionsansprüche und uns deshalb
längst damit abgefunden: Immer muss man alles selber
machen, immer wieder von vorne anfangen.

Berlin, 12. Juli

In diesem Jahr sind die Erlebnistouristen, die den Berliner Sommer so schwierig machen, besonders aufdring-
lich. Man fühlt sich wie ein Massentourist in der eigenen
Stadt. Es wäre ja kein Problem, wenn die Besucher im
Zentrum, am Brandenburger Tor oder vor dem Wachsfi-
gurenkabinett bleiben würden, aber nein, sie kommen
so gerne nach Kreuzberg, um hier ein Lebensgefühl zu
besichtigen, und zerstören durch ihr haufenweises Auftreten jedes Flair.

Hostelhorden geifern durch die Straßen, schon der
Sound der Rollkoffer, die über Asphalt und Kopfstein-
pflaster gezogen werden, macht aggressiv. Und selbst
die erztoleranten Kreuzberger, die in ihrem »Problem-
viertel« seit Jahrzehnten mit Dingen fertig werden, die

in anderen Bezirken zu großen Auseinandersetzungen führen würden, verzweifeln so langsam an den durch die Straßen marodierenden Trinkergruppen und anderen Auswirkungen des Billigtourismus: Alteingesessene Geschäfte machen Fressläden Platz, immer mehr Wohnungen werden zu Ferienwohnungen. Kreuzberg wird zu einem Freizeitpark. Man lebt wie im Zoo, im eigenen Viertel. Man kann nicht mehr vor die Tür gehen, ohne unfreiwillig die lauten Gespräche der herumlungernden englischsprachigen Kurzzeitberliner anzuhören, die sich über »artspaces« und wie »awesome and actually very cool« hier alles ist, austauschen.

Früher hat man sich immer so auf den Sommer gefreut, weil der Berliner Winter so schlimm ist. Jetzt ist es im Sommer so furchtbar, dass man sich auf den Winter freut, weil da die Touristen weg sind. Man muss einfach rausfahren, raus aus Berlin, aufs Land!

Hügelsheim, 5. August

Wenn der Städter aufs Land fährt, benimmt er sich dort ja auch sehr stereotyp und beklagt sich nach der ersten Begeisterung, dass so wenig los ist und man nicht gescheit weggehen kann. Trotzdem – nach zwei Wochen Landurlaub in der alten Heimat kann man schon ein bisschen verzweifeln. Die Kneipen und Bars sind, wie sie sind, und das Kulturprogramm im Umkreis von fünfzig km bewegt sich zwischen »Fluch der Karibik 4«, »Die Chroniken von Narnia« und dem Fischerfest mit DJ Andi. Vorsicht ist beim Treffen mit alten Schulfreundinnen geboten. Ist dem Feuilleton der »Freelance-Proletarier« erst seit ein paar Jahren ein Begriff, was soll man den Leuten im badischen Spargeldorf antworten, wenn sie fragen: »Und was schaffsch du so?«

»Ach, ich schreib' für Zeitungen, hab eine Kolumne beim Radio, mach Musik, schlag mich halt so durch ...« Betretenes Schweigen.

»So eine Tanzband?«

»Nein, mehr so eigene Lieder.«

Noch tieferes Schweigen. Themawechsel.

»Und was macht dein Mann?«

Ländliche Verabredungen müssen lange im Voraus geplant werden. Will man sich mit einer Freundin gleich am nächsten Abend zum Getränk treffen, wird man angestarrt, als habe man einen Ausflug in den Swingerclub vorgeschlagen. Ausgehen unter der Woche ist tabu, hier geht jeder morgens zur Arbeit. Am Wochenende wiederum muss allgemein den Geschwistern, Eltern, Schwiegereltern im Haus, im Garten geholfen, muss gegrillt, müssen Katzen / Hunde gehütet werden. Gestandene Männer um die vierzig können nicht ins Kino gehen, weil sie abends warten müssen, bis »der Max« (zwei Jahre, Europäisch Kurzhaar) zum Fenster reingekommen ist.

Aber die professionelle Müßiggängerin kann aus jeder misslichen Lage einen Gewinn ziehen. So kann man auf dem Land prima neue Trends ausprobieren: Afternooning zum Beispiel. Das geht so: Stundenlang mit dem Hund spazieren, Fahrradfahren, schwimmen gehen – also tagsüber ein so körperlich anstrengendes Programm machen, dass man um halb elf abends todmüde ins Bett fällt und das Ausgehen gar nicht vermisst.

DIE LIEBE MACHT MENSCHEN ZU IDIOTEN

Eine Schulfreundin aus meiner Grundschulklasse mochte ich, auch als wir schon erwachsen waren, lieber als die anderen. Vielleicht, weil sie entgegen dem stereotypen Lebensablauf: Fester Freund, heiraten, bauen, Kinder kriegen, allein geblieben war. Anders als der Großstadtsingle muss man sich in einer ländlichen oder kleinstädtischen Umgebung fürs Alleinleben immer noch rechtfertigen. Meine Freundin hat nie eine richtig ernstzunehmende längere Beziehung geführt, hatte es sogar bei Singletreffs probiert, wo es ihr aber zu grob und offensichtlich zuging, und inzwischen längst den Glauben verloren, »den Richtigen« zu finden. Von ihrer Familie wurde sie deshalb als Sorgenkind angesehen, obwohl die Ehen ihrer Geschwister absolut katastrophal verliefen.
Aber als ich dann bei einem Sommerurlaub im Badischen auf sie traf, war alles anders. Sie strahlte: »Chrischtiane, du glaubsch nid, was mir passiert ist! Ich hab ihn getroffe!«
»Ja wen denn?«
»IHN HALT!«
Also, es war so: Sie lernt ihn an Fastnacht, am »schmutzigen Donnerstag«, in der Festhalle kennen, sie unterhalten sich lange. Noch nie hat sie sich auf Anhieb so gut mit jemandem verstanden, es ist alles so vertraut mit ihm,

als ob sie sich schon ewig kennen. Schließlich gehen sie zusammen zum Parkplatz, und sie traut ihren Augen nicht: Er fährt ein schwarzes Golf-Cabrio! Genau wie sie, dann schaut sie genauer hin, und es trifft sie fast der Schlag: Seine Autonummer RA (für Rastatt) PP 334, und man will's nicht glauben: ihre Autonummer ist RA PA 335. Da weiß sie schon: Das kann kein Zufall sein, es ist etwas Größeres, es ist Schicksal.

Dann die erste Fahrt in seinem Auto. Er fragt: »Willst du Musik hören?« Sie sagt ja. Er legt eine CD ein. Die CD läuft an, sie erstarrt vor wohligem Schreck, denn es ertönt die Harfe von Andreas Vollenweider. Genau ihre Lieblings-CD! Das gibt es doch nicht, kann es denn sein, dass sich zwei Menschen so sehr ähneln, die absolut identischen Gedanken, den gleichen Geschmack haben? (Im Prinzip ja, könnte man hier einwenden, wenn die besagte CD grade in den Charts ist. Für »Down to the moon« hatte Andreas Vollenweider sogar als erster Schweizer einen Grammy erhalten, was vielleicht dem bedeutsamen Einsatz der Pedalharfe zu verdanken war. Vollenweider hatte das Instrument modifiziert und so die elektro-akustische Harfe erfunden.)

Dann später in seiner Wohnung – es haut sie um: Genau die gleichen Sitzkissen (von Ikea)! Wie bei ihr daheim! Und er hat auch eine Katze! Schwarz mit weißem Fleck auf der Brust. Kann es so viel Übereinstimmung geben? »Und wie heißt deine Katze?«, fragt sie ihn und ahnt schon, was kommt. »Mohrle«, sagt er, und beiden wird ganz unheimlich zumute, sie halten sich ergriffen an den Händen.

Es scheint so, als seien sie sich in einem früheren Leben

schon mal begegnet und sind nun wieder vom Schicksal zueinander geführt worden. Seelenverwandtschaft halt.

Viele kleine magische Momente zogen sich durch die ersten Wochen. Er sagt: »Ich rufe dich morgen nach der Arbeit an.« Nach Büroschluss ruft er tatsächlich an, und sie nimmt ab: »Das war jetzt Psi! Ich wusste genau, dass du es bist!«

Sie trafen sich auf Stadtfesten, verabredeten sich zum Candle-Light-Dinner in der Pizzeria, sie fuhren zusammen in Gewerbezentren und gingen über Wochenmärkte, shoppen.

Die Geschichte ging bald danach zu Ende. Er war ein recht bequemer Zeitgenosse, der nach der kurzen Phase der Werbung lieber zu Hause auf seinen Kissen weilte, während sie sich jemanden imaginiert hatte, der ihr eine neue Welt bot oder zumindest mit ihr zusammen die alte neu entdeckte, jemand, der sie mit seinem Elan ansteckte und jeden Tag eine neue verrückte Idee haben sollte, Ballonfahrten, Städtereisen, neue gemeinsame Hobbys.

Wenn sie zart anklopfte und fürs Wochenende Unternehmungen anregen wollte, wurde er brummelig, sie habe gut reden, sie sei ja nicht so eingespannt wie er im »Gschäft«. Dabei war er bei der Stadt angestellt und eher unterbeschäftigt, während sie in einer Arztpraxis einen ziemlich stressigen Job hatte und von früh bis spät auf den Beinen war.

Auf jede kleinste Kritik reagierte er hysterisch, es war ihm bald alles zu viel. Sie hatte sich das alles anders vorgestellt. Sie trafen sich seltener, telefonierten eher, schließlich wurde eine Verabredung kurz vorher abgesagt. Man gab vor, sich wieder zu melden, und ließ die ungeahnte Seelenverwandtschaft, die so nur einmal in einem Menschenleben auftritt, in wenn nicht offen ausgesprochenem Einverständnis, so doch mit gegenseitiger Billigung, ganz einschlafen.

Als sie sich ein halbes Jahr später zufällig in der Fußgängerzone begegneten, tat sie so, als sei sie in das Betrachten der Glasvitrine einer norddeutschen Fischkette vertieft, blickte im allerletzten Moment hoch und grüßte gespielt traumverloren. Auch er winkte nur knapp und verhuscht und ging schnell weiter. Beide waren froh, nicht miteinander reden zu müssen. Sie aber war fortan geheilt von dem Glauben an die Liebe auf den ersten Blick samt eingebauter Seelenverwandtschaft. Sie fand, was sie eigentlich gesucht hatte, bei einer guten Freundin, einem Hund und einem Patenkind und gelangte endlich mit über vierzig zu der Erkenntnis, dass ihr vielleicht schon einiges fehlte im Leben, aber bestimmt nicht ein Mann an ihrer Seite.

DER MYTHOS VON DER LIEBE –
WER IST SCHULD?

Am Anfang war das Feuer,
dann kam die bürgerliche Familie

Wer hat mit dem Liebes-Unsinn angefangen? Wem haben wir das Elend zu verdanken? Der moderne Biologismus will uns zwar einreden, dass im Urmenschen schon alles angelegt war, aber über die romantische Zweierbeziehung zwischen Neandertalern ist wenig bekannt. Außer natürlich im Film, da wird im Dienste des RZB-Zwangs sogar Urgeschichtsfälschung betrieben.

Im Film »Am Anfang war das Feuer« von dem französischen Regisseur Jean-Jacques Annaud (1982) wird über das harte Leben der Urmenschen im Jahr 80 000 vor unserer Zeit berichtet. Für den Film wurde eigens eine Urmenschensprache aus etwa zweihundert Grunzlauten konstruiert, und auch sonst lernt man viel über das harte Leben unserer Vorfahren. Sie haben es nicht leicht: Kälte, Ungeziefer, Mammuts, aggressive Säbelzahntiger, Überfälle von Homo erectussen, und dann geht auch noch das Feuer aus, und sie wissen nicht, wie man neues macht. Zum Glück trifft die Horde auf Ika, sie ist schon hübscher geschminkt und kommt aus einem höher entwickelten Stamm. Sie zeigt ihrer neuen Clique die Technik des Feuerbohrens, klärt sie aber auch über andere menschliche Errungenschaften wie die Schadenfreude und die Missionarsstellung auf. Zum Schluss entdeckt sie mit einem anderen wüsten Hordenmann sogar das Gefühl der Liebe, und damit machen sie natürlich einen großen Schritt in der menschlichen Evolution. Das heißt, sie sitzen auf einem Felsen, starren romantisch den Mond an, die Kamera geht auf den gewölbten Bauch des Urmenschenmädchens, und eine grobe behaarte Neandertalerhand legt sich schützend auf den schwangeren Bauch. Eine Geste, die die Urmenschin arg freut, dankbar blickt sie ihrem haarigen Gefährten tief in die Augen. Ein wahres Happy End.

Platons Kugelmenschen

Wie an vielen kulturellen Missverständnissen tragen auch an dem Mythos von der Liebe auf den ersten Blick die alten Griechen eine große Mitschuld. Der Mythos von der Seelenverwandtschaft, das Gefühl, den anderen in einem anderen Leben schon einmal getroffen zu haben, geht wohl auf den Mythos vom Kugelmenschen, auf Platon zurück.

Der griechische Philosoph veröffentlichte so um 380 vor Christus sein »Symposion«, übersetzt als »Gastmahl« oder »Trinkgelage«, in dem Philosophen, Dichter und Gelehrte seiner Zeit bei einem geselligen Zusammensein dargestellt werden. Grund für die Party: Der junge Dichter Agathon veranstaltet eine Siegesfeier in seinem Hause, und nach Beendigung des Mahles macht Phaidros, ein Jüngling aus dem Kreise des Sokrates, den Vorschlag, jeder der Teilnehmer solle eine Rede halten, und zwar zum Preise des Eros, der von den Dichtern bislang niemals würdig genug besungen worden sei.

So heben die Teilnehmer hintereinander an, über das Wesen der Liebe zu sinnieren. Die sechs Gäste tragen jeweils eine Rede vor: erst Phaidros dann Pausanias, Eryximachos, Aristophanes, Agathon und Sokrates. Die beiden Hauptreden sind jedoch die vierte und die sechste Rede.

Bevor der Komödiendichter Aristophanes zu sprechen anhebt, plagt ihn ein arger Schluckauf, was die allerneuste Platon-Forschung als Indiz für seinen Alkoholkonsum interpretiert, so dass seine Rede verschoben werden muss. Schließlich beginnt er: »Ursprünglich hatte der Mensch eine andere Gestalt als die heute üblicherweise anzutreffende. Er war eine Kugel mit vier Händen, vier Füßen, zwei Gesichtern, vier Ohren und zwei Geschlechtsteilen.«

Weiter heißt es im Text, das männliche Geschlecht stamme von der Sonne ab, das weibliche von der Erde und das aus den beiden zusammengesetzte vom Mond. Es gab also Mann-Männer, Frau-Frauen und Mann-Frauen. Diese Kugelmenschen hatten je vier Hände und Füße und zwei entgegengesetzte Gesichter auf einem Kopf. Sie waren stark und schnell und wurden in ihrem himmelstürmenden Übermut selbst den Göttern gefährlich.

Darauf schnitt Zeus einen jeden von ihnen in zwei Hälften, um ihren Frevel zu bestrafen, und ließ Apollon das Gesicht und den halben Hals herumdrehen zur Schnittfläche damit der Mensch angesichts seiner Zerschnittenheit »sittsamer« würde. Jede der beiden zerschnittenen Hälften sehnte sich jedoch so sehr nach der anderen, dass sie sich aneinander klammerten und verhungerten, »weil sie nichts getrennt voneinander tun wollten«. Da erbarmte sich Zeus und verlegte ihre Schamteile ebenfalls nach vorne, so dass Mann und Frau wieder zueinander kommen und in der Umarmung Nachkommenschaft zeugen konnten. Dieser Drang der zwei Hälften, sich zu vereinen, wird als Liebe (erôs) bezeichnet.

Die modernere Platonforschung und der britische Soziologe Anthony Giddens sehen in dieser Geschichte die Erfindung der Liebe, als Trick, um »die grobe Mechanik des Sexuellen« zu überdecken und mit Gefühl zu überlagern.

Eigentlich war Sokrates der Theorie-Star bei diesem Trinkgelage, aber seine Erklärung, das letzte Ziel der Liebe sei die Zeugung im Schönen zur Hervorbringung von Unsterblichem wurde nicht so berühmt wie der Kugelmenschen-Mythos des Aristophanes. Und das, obwohl Sokrates' Text als frühes Beispiel für Freuds Theorie der Sublimierung gilt.

Ausgerechnet der Comedian unter den Anwesenden, der höchstwahrscheinlich betrunken war, hat also mit seinem Witz einen Mythos gespendet, an dem wir uns heute noch abarbeiten. Bezeichnenderweise fallen am Ende des Symposions immer mehr Zecher in die anfangs nüchterne Runde ein, und das Trinkgelage endet im allgemeinen Vollrausch. So ist die Geschichte von den Kugelmenschen die Erfindung eines betrunkenen Komödiendichters! Ein Märchen! Ein zweitausend Jahre alter Mythos!

Und wem dieser Mythos heute noch zur Erklärung der menschlichen Geschlechternatur dient, dem sei noch einmal gesagt, dass Platon / Aristophanes von Mann-Mann-, Frau-Frau- und Mann-Frau-Kugeln sprach. Die heute so verherrlichte hetero-romantische Liebe war also nur eine Möglichkeit von dreien.

Dualseelen und Archetypen

In dem modernen Mythos von der wahren Liebe auf den ersten Blick lebt die Vorstellung von der Liebe als Verschmelzung weiter – die Scheidelinie zwischen du und ich erlischt. Diese Verschmelzungsidee hat auch in der modernen Esoterik mit ihrem System der Dualseelen, Zwillingsseelen und Seelenpartner als Geheimnis der ewigen Liebesverbindung ihren Platz gefunden.

Die Dualseele ist ja eigentlich ein Begriff aus der Religionswissenschaft und wird in Anknüpfung an mythische Texte aus unterschiedlichen Kulturen verwendet. Dahinter steckt die Vorstellung, dass jede Seele ein ursprüngliches Gegenstück besitzt, mit dem sie ewig verbunden bleibt.

Dieser Mythos ist so beständig, dass die Esoterik-Branche noch heute von ihm profitieren kann. In Dualseelen-Ratgebern werden Übungen angeboten, die helfen sollen, die verlorene Dualseele wiederzufinden, denn das ist ja schließlich der Sinn des Lebens.

Tatsächlich finden sich in mehreren kulturgeschichtlichen Überlieferungen Erzählungen von der Trennung eines ursprünglich männlich-weiblichen Wesens in zwei

Geschlechter und deren spätere Verbindung. Da wäre beispielsweise Hermaphroditos aus der griechischen Mythologie, der durch das gemeinsame Bad mit der Nymphe Salmakis zum Zwitter gewordene Sohn des Hermes und der Aphrodite.

Die Genesis wiederum erzählt: Und Gott schuf den Menschen zu seinem Bilde, zum Bilde Gottes schuf er ihn; und schuf ihn als Mann und Weib. Allerdings wird in dem Bericht über die Erschaffung der Frau ausdrücklich das Fehlen eines passenden Gegenübers für den Menschen erwähnt. Im Buch Mose heißt es: »Dann sprach Gott, der Herr: ›Es ist nicht gut für den Menschen, allein zu sein. Ich will ihm ein Wesen schaffen, das zu ihm passt.‹«

Der Koran geht ebenfalls auf den Aspekt der Geschlechterteilung ein: »Er schuf euch aus einem einzigen Wesen, dann machte Er aus diesem seine Gattin« (Sure 39,6).

In der indischen Mythologie kennt man Ardhanarishvara als »den Mann, der zur Hälfte Frau ist«. Eine Version über die Entstehung des Mann-Frau-Wesens besagt, dass der Hindu-Gott Shiva seine ewige Gefährtin Parvati so fest an sich gedrückt hat, dass beide zu einem Wesen verschmolzen sind. Einer anderen Überlieferung zufolge war dies die ursprüngliche männlich-weibliche Gestalt der Gottheit, bevor sie sich in die zwei Geschlechter teilte.

Von einer Geschlechtertrennung berichtet auch die hinduistische Brihadaranyaka-Upanishad – dass der Mensch anfangs ganz allein war und sich Gesellschaft wünschte. Dieses Wesen war so groß wie Mann und Frau bei der Umarmung. Es ließ sich in zwei Teile zerfallen, so entstanden Gatte und Gattin. »Darum sind wir beide hier nur wie ein Halbstück«, sprach Yajnavalkya.

Wenn diese Geschichte vom Menschen, der einst eins war und dann getrennt wurde, in der Bibel, im Schriftwerk der Kabbala, im Koran, in den indischen Upanishaden und in anderen Mythen der Urvölker vorkommt, kann man davon ausgehen, dass es sich um einen Archetypus handelt, also um ein im kollektiven Unbewussten angesiedeltes menschliches Vorstellungsmuster. Das Wissen um seine Sterblichkeit kann den Menschen zur Verzweiflung bringen, da ist die Sehnsucht nach einem Gefährten, einem verlorengegangenen Teil verständlich, aber nicht unbedingt ein Beweis für die Existenz der Liebe.

Der Mensch sehnt sich auch seit jeher nach Unsterblichkeit und träumt vom Fliegen.

Der Gegenbeweis – das Brückenexperiment

Dass die »Liebe auf den ersten Blick« nichts Magisches hat, sondern immer der Affektlage der angeblich Verliebten geschuldet ist, beweist das berühmte Brückenexperiment.

Biologen und Psychologen sind sich inzwischen einig, dass Aufregung, egal, woher sie rührt, ein entscheidender, aber manipulationsfähiger Parameter ist, um Empathie, ja, sogar tiefe Zuneigung und Leidenschaft zu erwecken. Physische Erregung etwa durch Angst oder durch Sport wird als Verliebtheit interpretiert, wenn die anwesende Person als Sexualpartner plausibel ist.

Diese Annahmen gehen auf die Gefühlstheorie von Stanley Schachter aus dem Jahr 1964 zurück. Die Theorie des amerikanischen Psychologen besagt, dass spezifische Gefühle (Wut, Freude, Angst etc.) erst aufgrund unterschiedlicher Interpretationen bei physiologischer Erregung entstehen. Es wird davon ausgegangen, dass die physiologische Erregung zuerst unspezifisch und bei allen Gefühlen gleich ist. Als welches Gefühl eine Erregung dann interpretiert wird, hängt von der Situation und den äußeren Reizen ab. Liebe kann nach diesem Ansatz beispielsweise dann entstehen, wenn man zu einem Zeitpunkt physiologischer Aktivierung (Herzklopfen, erhöhter Puls, Schwitzen etc.) einer attraktiven Person begegnet und die Aktivierung aufgrund dieses äußeren Reizes als Liebe interpretiert und registriert wird.

Wie stark romantische Anziehung durch diese Fehlattribution von Erregung intensiviert wird, haben die Wissenschaftler Donald Dutton und Art Aron in einem Experiment untersucht. Das berühmte »Brücken-Experiment« der US-Psychologen wies diesen Zusammenhang bereits in den siebziger Jahren nach. Schauplatz war der Capilano-Canyon, ein großer Naturpark, zehn Minuten von Vancouver entfernt. Dort gibt es die größte Fußgängerhängebrücke der Welt, die Capilano Suspension Bridge, eine beliebte Touristenattraktion. Sie ist gut einen Meter breit und 140 Meter lang. In einer Höhe von siebzig Metern ragt sie über den rauschenden Capilano River. Das Geländer ist niedrig, und es kippt und schaukelt ununterbrochen. Flussaufwärts befindet sich eine zweite Brücke. Sie besteht aus festem Zedernholz, ist drei Meter hoch und führt über einen schmalen Nebenarm des Flusses.

In dem Versuch wurden nun zwei Gruppen junger männlicher Testpersonen von einer nach allgemeinen Regeln für »attraktiv« befundenen Frau um die Beantwortung eines Fragebogens gebeten, außerdem verriet sie den Männern im Anschluss ihre Telefonnummer, um ihre Arbeit erläutern zu können, wenn dies einmal die Zeit zulasse.

Die erste Männergruppe traf die Frau nach der stabilen Zedernholz-Brücke. Die zweite Gruppe dagegen schickten die Forscher auf die Hängebrücke. Von diesen Männern meldete sich die Hälfte bei der Frau, aus der Vergleichsgruppe riefen nur zwölf Prozent an. Die Psychologen schlussfolgerten: Die durch die Brücke hervorgerufene Spannung – Angstgefühle, Schwindel, zittrige Knie – wurde auf die Frau projiziert. Sie wirkte unter diesen Umständen anziehender.

Darüber hinaus wurden die Männer dazu aufgefordert, zu einem Bild eine freie Geschichte zu erfinden. Diejenigen, die die hohe und stark schwankende Brücke überquert und am Ende eine Frau angetroffen hatten, erzählten am häufigsten Geschichten mit sexuellem Inhalt. Auch war unter diesen Voraussetzungen die Anzahl derer am größten, die Gebrauch von dem Angebot machten, die Mitarbeiterin anzurufen und einen Termin für ein weiteres Treffen zu vereinbaren.

Physiologische Erregung scheint also insgesamt Gefühle hervorzurufen, und die Theorie des Erregungstransfers wurde auch durch Ergebnisse nachfolgender Untersuchungen und Experimente empirisch gestützt.

Auch chemisch wurde dieser Zusammenhang nachgewiesen: Männer, denen etwas Adrenalin gespritzt worden war, fanden Frauen attraktiver als Männer, denen kein Stresshormon injiziert worden war. Wenn also in der Phase, in der das Erregungsniveau im Organismus unbemerkt noch relativ hoch ist, ein neues, ebenfalls Erregung auslösendes Ereignis eintritt – etwa eine hochattraktive Person im Blickfeld auftaucht –, dann addieren sich Resterregung und neue Erregung. Menschen reagieren dann stärker, je nach Situation positiver oder negativer. Dabei kann dieser Erregungstransfer so raffiniert ablaufen, dass er uns nicht einmal in Ansätzen bewusst wird.

Wie so oft ist da die Literatur den Naturwissenschaften voraus. Lange vor dem Brückenexperiment beschrieb Marcel Proust dieses Phänomen bereits um 1908 in seinem Roman »Auf der Suche nach der verlorenen Zeit«: »Von allen Arten der Erzeugung von Liebe, von allen Wirkkräften zur Verbreitung der heiligen Krankheit ist sicher dieser gewaltige Erregungssturm, der uns manchmal erfaßt, eine der zuverlässigsten. Dann fällt das Los unweigerlich auf die Person, mit der wir im Augenblick gerade gern zusammen sind; sie ist es, die wir lieben werden.«

Berlin, 16. August

Heiß war es die letzte Woche, unerträglich heiß. Die unmenschliche Hitze staute sich in den Straßen, stieg die Häusermauern hoch, wurde dort nachts wie in einem Kachelofen gespeichert. Die Nächte brachten keine Abkühlung, und tagsüber heizte sich der Moloch Berlin weiter auf. Dieser Zustand wurde bislang »Sommerhitze« genannt, heißt aber seit neuestem »Urban-Heat-Phänomen«. Der Kampf gegen diese Plage ist aussichtslos.

Die Hitze macht alle verrückt, auf den Straßen wird gehupt und aus den Autos rausgeschrien. Radfahrer fegen einen mit hochrotem Kopf vom Gehweg, Stressjugendliche und Problembademeister geraten in den Freibädern aneinander, die dann polizeilich geräumt werden müssen. In Neukölln sah ich gestern einen oberarmrundumtätowierten Muskelshirtträger seinen müden Kampfhund über die Straße ziehen, dem armen, leicht verfetteten Tier machte die erbarmungslose Hitze zu schaffen.

Drinnen bleiben ist bei 32 Grad Raumtemperatur auch keine Lösung. Wie soll man Lufttunnel bauen, wenn alle Fenster in eine Richtung gehen?

Man ist zu nichts fähig, außer liegend leichte Unterhaltungskost zu konsumieren. Freitagnacht kam ein Stauf-

fenberg-Film – unmöglich, bei der Hitze der Handlung zu
folgen. Wer ist jetzt beim Komplott dabei, wer nicht?
Diese undurchsichtigen Befehlsstrukturen, das ewige
zackige Durch-Holzzimmer-Gehen – alle Grafen, Vons,
Reichs- und Feldmarschalle sehen so gleich aus – und
dass der melancholische Tatortkommissar aus Kiel mitspielt, macht die Sache auch nicht einfacher.
So kann es nicht weitergehen. Wir müssen hier raus!
Raus aus Berlin!

Usedom, 17. August

Das kurz entschlossene Taschepacken und Wegfahren
war sehr befreiend. Dann die Fahrt mit G. und G. raus aus
dem Hitzestau durch brandenburgische Baumalleen zur
»Badewanne Berlins«, zur Insel Usedom.
Der Badeort Bansin, eines der drei »Kaiserbäder« auf Usedom, wurde laut Wikipedia 1897 eigens zum Badebetrieb
von einem Berliner Hühneraugenoperateur gegründet.
Es gibt Fischräucherbaracken am Strand und überall
Restbestände dieses leider so langsam aussterbenden
abgeblätterten Ostcharmes, alles wirkt angenehm ent-
schleunigt. Viele Rentnerpaare sind unterwegs, sehr oft
hört man den sächsischen Dialekt, und der Strand ist
ganz gerecht in gleich lange Textil-, FKK- und Hunde-
Abschnitte aufgeteilt. Das Beste: Immer weht hier eine
frische Brise vom Meer. Herrlich.
Das Leben im Ostseeheilbad ist beschaulich. Man liegt
am Strand rum und geht ab und zu ins Wasser und mehrmals täglich die Strandpromenade entlang zur Seebrü-

cke. Keine Belästigung durch Romantik-Selbstdarsteller. Auf den Hotelterrassen die üblichen schweigenden Paare – er mufflig hinter der Zeitung, sie dauerbeleidigt – oder muntere Kaffee-und-Kuchen-Runden der lustigen Witwen der Generation 70 plus.

Die einzigen Paare, die etwas wirklich Schönes, Rührendes haben, das sind die ganz alten. Die, die ewig lange brauchen, sich ihrer Kleider und Wäschestücke zu entledigen, den Strandkorb auszustaffieren, die sich gegenseitig Hilfestellung geben und halten müssen, um das Gleichgewicht nicht zu verlieren, bis sie dann endlich im Badedress vorsichtig durch den Sand zum Wasser gehen.

Abends haben die alten Paare dann alles Rührende verloren, oder die ganz Alten kommen nicht zur Kurmuschel, dem Hotspot des Kaiserbads. An diesem Abend gab eine Fünfziger-Jahre-Themenband in seltsamen Kostümen das bislang leiseste Konzert der Welt. Was aber trotzdem einige Senioren veranlasste, die Szenerie unter Protest, mit zugehaltenen Ohren und übertrieben-gequältem Gesichtsausdruck zu verlassen.

In den Restaurants an der Promenade hat man sich auf die Musik der Siebziger und Achtziger konzentriert. Ergraute Rockgitarristen spielen, ebenfalls in Zimmerlautstärke, alles von Eric Clapton, Dire Straits und Huey Lewis and the News herunter, rufen ein verhalten-verwegenes »Money for nothing and chicks for free!« zum Publikum hin, das an den Gartenmöbeln sitzt und regionale Fischgerichte verdrückt.

Kilometerlang kann man am von Buchenwäldern gesäumten, siebzig Meter breiten weißen Sandstrand entlanggehen, und abends ist es so angenehm kühl, dass man sogar eine leichte Jacke braucht.

Berliner Ring, 20. August

So erholsam so ein Kurzurlaub auch ist, so schnell ist er wieder vergessen. Wie ausgelüftet hatten wir die Heimreise angetreten und uns schon kurz nach dem Ortsschild auf einer der großen Einfallstraßen vor der schlimmen Urban-Heat-Plage in Aggro Berlin gefürchtet. Aber es war gar nicht mehr heiß, auch in Berlin hatte es übers Wochenende abgekühlt. Wieder mal alles falsch gemacht.

Herbst

»Unglückliche Beamtenliebe gibt es nicht.«

FRANZ KAFKA, *Das Schloß*

Schlesisches Tor, 8. September

Der zur Schwermut neigende Mensch wird immer und überall einen Grund zur Traurigkeit finden. Aber der Herbst ist nun einmal schon seit alters her die melancholische Jahreszeit. Schon in der griechischen Säftelehre wurde dem Melancholiker die schwarze Galle als Körpersaft, die Milz als Organ und der Herbst als Jahreszeit zugeordnet.

»Hauptsache raus!«, empfahl Hippokrates den Melancholikern, und »Hauptsache raus!« muss sich der Mensch auch immer wieder sagen, wenn sich schon Anfang September eine herbstliche Ausgehmüdigkeit als Vorbote der ersten zarten Novemberdepression ankündigt.

Das Ausgehwochenende begann mit der ewigen Frage »Was ziehe ich an?« und führte dann am Sonntag zur allermelancholischsten häuslichen Tätigkeit: Dem Aussortieren der Sommersachen, der Tops und leichten T-Shirts, luftigen Oberteile und dünnen Leinenhosen, um Platz im Schrank für Langärmliges, Gestricktes, Wollenes, Cordsamtenes zu machen.

Gleichzeitig blitzen die giftigen, wahrscheinlich letzten warmen Sonnenstrahlen des Jahres zur Fensterscheibe herein, und so moralisch unter Druck gesetzt, trollte ich dann doch mit L. durch die sonntagnachmittäglichen Straßen. Irgendwie zog es uns hinaus in die Freizeitgegend am Schlesischen Tor und von dort aus eher unbeabsichtigt zum Schrottflohmarkt an der Arena. Vor der Halle war eine spannende Installation aus hübsch aufgereihten, zierlichen Nähmaschinen, bauchigen Küchenspülwannen und altertümlichen Druckersetzkästen samt Bleilettern aufgebaut. Drinnen hing schon die Winterkollektion: Pelzmäntel in allen Farben und Schattierungen vom Silberfuchs und Persianer über den Nerz zum Pseudo-Zobel und Fake-Hermelin.

Als es gegen Abend vor den Cafés selbst für die fanatischsten Freilüftler zu kalt wurde, legte sich eine große Nachsaison-Melancholie über die Straßen.

Ganz verwaist lag das am Nachmittag noch überfüllte San Remo da, nur ein mysteriöser Mann, der eine »leere Whiskyflasche fürs Theater« holen wollte, kam herein. Später fragte noch jemand nach »Coffee to go«. Dann kam ein gewisser Kai, der nur eine Zigarette schnorren wollte und dann doch ausführlich und ungefragt von seiner Tochter Jennifer und seiner Chancenlosigkeit bei Frauen erzählte – seit er 41 sei.

Als er endlich ging, kam spät am Abend zwar kein Gast, aber ein netter »Straßenfeger«-Verkäufer, der berichtete, in den anderen Bars sehe es genauso mau aus: »Das war's. Der Sommer lief noch gut, aber das waren alles Touristen. Jetzt wird's hart.«

Berlin, 15. September

In den Schaufenstern hängen schon langärmelige Kleider, Übergangs-, Herbst- und Strickjacken, Cordhosen in

Dunkelgrün und Schlamm – das scheinen die Farben der Herbstsaison zu sein!

Man muss sich gut zureden: In Berlin ist der Herbst doch schön, der goldene Oktober steht noch bevor, und war es nicht manche Jahre noch bis November ganz warm? Und hat die Stadt im Herbst nicht auch schöne Seiten, wenn neue Platten, neue Bücher herauskommen und die Konzertsaison beginnt?

Ist es nicht auch ein Segen, dass nun Schluss ist mit dem oberflächlichen Summer-Feel-Good-Getue, mit der Festival-Hurra-Berichterstattung und dem Sommerloch? Und sind Herbst und Winter nicht auch Monate der Geselligkeit, kommt es nicht auf uns selbst an, was wir draus machen? Partys feiern, Tatort-Sonntagstreffen, trauliche Spaziergänge durch das raschelnde Herbstlaub, öfter ins Kino und ins Theater gehen?

»Das mag alles sein«, sagt sich der Melancholiker und macht sich trotzdem mit Wehmut auf das baldige Sommerende gefasst, um sich auf die melancholischste Jahreszeit, den Herbst, vorzubereiten.

Vielleicht kommen ja neue Serien im Fernsehen? Die Serien sind ja auch nicht mehr das, was sie mal waren, aber soll man jetzt anfangen wie die blasierten Fernsehverächter nur noch neueste amerikanische HBO-Serien auf DVD zu schauen, um mitreden zu können? Nein, auch wenn das deutsche Fernsehen tatsächlich jedes Jahr blöder wird.

Aber für den soziologisch interessierten Menschen ist das Fernsehen halt doch wichtig, weil da kulturelle Entwicklungen und Codes – zwar auf recht niedrigem Niveau, dafür in ihrer Plattheit und ihren Strukturen umso deutlicher und offensichtlicher – zutage treten. Bei den Privatsendern wird das Programm schon seit einigen Jahren vom Erziehungsfernsehen, auch Unterschichtfernsehen genannt, dominiert.

»BAUER SUCHT FRAU«

Die Doku-Soaps des Erziehungsfernsehens sollen uns ja zeigen, wie man Kinder erzieht, Häuser findet, das Haus einrichtet, renoviert, Schulden los wird, sich im Jobcenter durchsetzt, einkauft, kocht, abnimmt, das Beste aus seinem Typ macht, verkorkste Teenager bändigt, richtig auswandert, richtig wieder einwandert, sich mit den Nachbarn versöhnt und natürlich den Traumpartner findet.

Wobei die sogenannten »Kuppelshows« die kurzlebigen Formate sind. Wer erinnert sich schon noch an »Giulia in Love«, »Gräfin gesucht«, »Der Bachelor«, »Schwiegertochter gesucht« oder »Dating im Dunkeln«?

Einzig »Bauer sucht Frau« hat überlebt. Vielleicht, weil es das robustere Format ist – es gehört zu den erfolgreichsten Sendungen im deutschen Fernsehen. Und im Herbst läuft die neue Staffel an!

Das deutsche Pendant zum englischen Erfolgsformat »Farmer wants a wife« besticht durch unverblümte Ehrlichkeit. Ein Bauer sucht eine Frau zur Mithilfe in Haus und Hof und als sexuelle Dienstleisterin, das Romantik-Brimborium wird von RTL dazugeliefert. Die schüchternen, medien- und beziehungsunerfahrenen Bauern haben ja oft keine Sprache für die Liebe und gehen in der Partnerwahl nach recht praktischen Erwägungen vor.

Ihre Hilflosigkeit in Herzensdingen hat trotzdem etwas Anrührendes, auch wenn sie noch so grobschlächtig auftreten, strahlen sie dabei doch manchmal eine knabenhafte Keuschheit aus.

Es heißt zwar vonseiten der Redaktion, es sei nichts inszeniert, sondern man verfahre nach dem Prinzip »camera follows action«. Dass die Herzensergießungen der Single-Landwirte dann doch gescriptet sind, bemerkt man spätestens dann, wenn die Bauern recht unbeholfen und mit manchmal schwerer Zunge von »Schmetterlingen im Bauch« und vom »Herzklopfen und Kribbeln« sprechen. Sie werden angehalten, romantische Rituale auszuführen, welche sich ein städtisches Publikum gemeinhin als bäuerlich vorstellt (im Heu herumliegen, Billigsekt beim Picknick auf der Wiese trinken), bringen manchmal aber auch kreativ eigene Ideen ein. Dann lassen sie zum Beispiel Rosen vom hochgefahrenen Heuwender regnen – eine sehr schöne Idee, weil durch diese Geste auch das zärtliche Gefühl des Landwirts zu seinen Maschinen ausgedrückt wird.

Was macht die Sendung bloß so beliebt? Vielleicht die Sprache? Die alliterationssüchtigen Redakteure schrieben der Moderatorin von der ersten Staffel an zur Charakterisierung ihrer Vermittlungskandidaten eine Überdosis Adjektive ins Skript: Der raubeinige Rinderwirt, der pfundige Pferdebauer, der einsame Emsländer, sportliche Schweinebauer, herzliche Holzbauer, fröhliche Friese, der gemütliche Gemüsebauer, muntere Milchbauer, herzliche Hesse, schüchterne Schwabe und heitere Hühnerwirt wurden bislang mehr oder weniger erfolgreich vermittelt.

Wobei es allzu oft bei einer Alliteration ersten Grades bleibt, da könnte man doch mit Wortneuschöpfungen wie der »harmlose Hühnerhalter«, der »zaudernde Ziegenzüchter«, der »besessene Biobauer« oder der »geriatrische Getreidegärtner« noch eine Stufe weitergehen. Und man könnte doch auch bei den männersuchenden Städterinnen ein bisschen alliterieren: Die umtriebige Urologin Ute, die manische Maklerin Manuela ...

Aber zurück zum Thema: Bei »Bauer sucht Frau« kann man einiges über die Partnerwahl in den letzten Jahrhunderten lernen. Und bevor sich jetzt manch städtische Leserin in dem Wohlgefühl ihrer kulturellen Überlegenheit suhlt und sich über die hinterwäldlerischen Zustände auf dem Land erheben will, ist festzuhalten: Die Bäuerin auf dem Hof führte unter Umständen ein emanzipierteres Leben und hatte mehr Entscheidungsfreiheit und finanzielle Unabhängigkeit als die Bürgersfrau in ihrer städtischen Versorgungs- und Hausfrauenehe.

LIEBE – EINE ERFINDUNG
DES 18. JAHRHUNDERTS

Das heute als so selbstverständlich alternativlos darge-
stellte Prinzip der romantischen Liebe ist noch nicht sehr
alt und schon gar nicht lang erprobt. Die romantische
Liebe geht auf ein Liebeskonzept des 18. Jahrhunderts zurück, zu diesem Ergebnis sind Historiker und Soziologen,
die sich mit Familienforschung befassen, längst gekommen. Lebte der Mensch in vorgeschichtlicher Zeit in einer
Art Horde zusammen, setzten sich mit der Zeit und durch
die Sesshaftigkeit bedingt, kleinere Lebensformen durch.

Das »Ganze Haus«

Bis zur Industrialisierung war eine als »ganzes Haus«
bezeichnete Sozialform weit verbreitet. Das ganze Haus
zeichnete sich vor allem durch die Einheit von Produktion und Familienleben aus, war Lebens- und Wirt-
schaftsgemeinschaft und umfasste neben den Ehepart-
nern weitere verwandte und nicht verwandte an der
Erwerbsarbeit beteiligte Personen. Das heißt Eltern, erwachsene Kinder, unverheiratet gebliebene Geschwister
und andere Familienangehörige lebten mit dem Ge-
sinde, mit Knechten und Mägden, auf dem Hof.
Man geht heute davon aus, dass die Beziehungen unter-

einander in diesem »ganzen Haus« relativ gefühlsarm waren. Sämtliche Handlungen innerhalb der Hausgemeinschaft hatten wegen fehlender Rückzugsmöglichkeiten zumindest halböffentlichen Charakter, die Privatsphäre war unbekannt. Und dass die Partnerwahl unter funktionalen und wirtschaftlichen Aspekten getroffen wurde, beflügelte nicht gerade eine intime und emotionale Partnerbeziehung.

Seit jeher war die Familie ein wirtschaftlicher Zweckverband, rein ökonomische Interessen waren für Eheschließungen ausschlaggebend. Ehen waren arrangiert.

Deutschland war ein Agrarland, die Bevölkerung zum großen Teil landwirtschaftlich geprägt, und die Sorge um ausreichende Nahrung hielt fast das ganze 19. Jahrhundert an – es ist die Zeit des Pauperismus. Vor allem zwischen 1830 und 1840, während der Frühindustrialisierung, war es einer breiten Bevölkerungsschicht trotz anstrengender Arbeit kaum möglich, für das eigene Auskommen zu sorgen.

In Süddeutschland gab es gesetzliche Ehebeschränkungen für Unbemittelte; Knechte und Mägde heirateten nicht.

So kann man sich vorstellen, dass emotionale Komponenten und sexuelle Harmonie in einem Haushalt von mehreren Generationen unter einem Dach nicht von großer Wichtigkeit waren. Zwar lautete der christliche Grundsatz »Eheleute sollen sich lieben«, die Ehe galt aber als Ausdruck von Kameradschaft mit Pflicht zur Liebe und nicht als romantische Veranstaltung.

In Preußen schrieb das Allgemeine Landrecht noch 1794 fest: »Der Hauptzweck der Ehe ist die Erzeugung und Erziehung der Kinder.« Die Liebe als Exzess mit kurzer Lebensdauer schien als Grundlage einer lebenslangen Verbindung nicht geeignet.

Eheliche Liebe war eher asketisch gedacht und hatte nichts mit psychischer Hingabe oder Lustgewinn zu tun. Die Eheleute mussten es aber auch nicht allzu lange miteinander aushalten, die Lebenserwartung war weitaus niedriger als heute, und viele Frauen starben im Kindbett.

Mit dem Aufstieg des Bürgertums und der Industrialisierung, die in Deutschland später einsetzte als in England oder Frankreich, änderte sich dann die Auffassung von Liebe und Ehe.

Der Aufstieg des Bürgertums

Ab 1800 und im Laufe der folgenden Jahrzehnte wurden in Deutschland Bereiche wie Wirtschaft, Politik, Recht und Wissenschaft komplexer. Das öffentliche Erwerbs- und Staatsleben wurde zur Sphäre des Mannes, und um seinen emotionalen Bedürfnissen Rechnung zu tragen, wurde ein von der Frau gestaltetes Ehe- und Familienleben unabdingbar. Es kam, anders als bei der Bauernfamilie oder im Handwerkerhaushalt, zur strikten Trennung von Familie und Arbeit. So wurde für den Mann, der nun hinausging ins feindliche Leben, die eheliche Beziehung immer mehr zum Rückzugsraum.

»Ohne Weib wäre für jede zartfühlende Seele das heutige Leben nicht zu ertragen«, schreibt der Historiker Gervinius 1853, »denn es ist das Weib, das in der neuen

Zeit die poetische Seite der Gesellschaft bildet (...) weil das Weib heute wie der griechische Bürger den gemeinen Berührungen des Lebens entzogen, weil es den Einwirkungen des Rangsinnes, den Verderbnissen durch niedrige Beschäftigung, der Unruhe und Gewissenlosigkeit der Erwerbssucht nicht ausgesetzt und weil von Natur schon das Weib mehr als der Mann gemacht ist, mit der höchsten geselligen Ausbildung den Sinn für Natürlichkeit und die ursprüngliche Einfalt des Menschen zu vereinen.«

In den modernen Zeiten nach 1800 kann also der Mann, gepeinigt und ausgelaugt von den Erfordernissen der kapitalistischen Gesellschaft, nur zu Hause bei der Frau noch Frieden finden. Die Historikerin Karin Hausen beschreibt in ihrem Aufsatz, wie es dadurch zu einer »Polarisierung der Geschlechtscharaktere« kam.

Dieses Phänomen können wir heute noch beobachten, wenn jeder berühmte Mann, der einen Preis entgegennimmt, seiner Frau öffentlich gefühlsduselig dankt, weil sie ihm »den Rücken freigehalten« habe. Und es gehört zum guten Ton, dass jeder weibliche Filmstar daherbetet, Ruhm und Erfolg wären zwar ganz schön, die Familie dann aber doch das Wichtigste und der einzige Halt im Leben.

Die Romantisierung der Liebe

Gleichzeitig wurde ab dem späten 18. Jahrhundert in der Literatur ein neues romantisches Liebesbild entworfen. An der Romantisierung der Liebe trägt vor allem Goethes

Kurz-Roman »Die Leiden des jungen Werther« von 1774 eine Mitschuld. Der Roman, in dem es um einen angeschlagenen jungen Mann geht, der die Frau, die er will, nicht bekommt und sich deshalb nach einigem Hin und Her erschießt, läutet, grob gesagt, das Zeitalter des Sturm und Drang ein.

Der Bestseller fand viele Nachfolger, und zur gleichen Zeit bricht in Deutschland das Medienphänomen »Lesesucht« aus, eine Abhängigkeit von Liebesromanen, die besonders Frauen befiel.

Der Unmöglichkeit einer ewigen Liebe war man sich damals zwar noch voll bewusst, sehnte sich aber trotzdem nach dem Ideal der Liebesheirat, der Verbindung von Liebe und Sexualität.

In Friedrich Schlegels Roman »Lucinde« von 1799 wurde die Seelenverwandtschaft der Liebenden und das Ideal der geistig-sinnlichen Liebesheirat und der Dauerhaftigkeit »echter Liebe« propagiert. Das hört sich heute kitschig-utopisch an, damals war aber die Vorstellung der Ehe als erotisch empfindsame Intimbeziehung eine direkt revolutionäre Forderung.

Trotzdem war die romantische Liebe und die darauf bauende Ehe zunächst als Lebensideal einer kleinen elitären Minderheit vorbehalten, die sich ein Beharren auf dem Gefühl erlauben konnte.

In der Biedermeierzeit wurde die Liebe als wichtigstes Sujet der Herz-Schmerz-Literatur auch dem Bürgertum wichtig. Die im Roman verbreiteten neuen Leitvorstellungen wurden zum Lern- und Orientierungsfaktor in Liebesangelegenheiten.

Erst der französische Desillusionsroman bot ab Mitte des

19. Jahrhunderts ein realistischeres Liebesbild. Und vor allem in den sogenannten Ehebrecherinnenromanen »Effi Briest«, »Madame Bovary« und »Anna Karenina« kann man viel über die Langeweile in der Ehe, über falsche Hoffnungen, zu große Erwartungen und Desillusion erfahren.

Die Liebesheirat

Die Liebesheirat wurde also erst von einer kleinen elitären Minderheit als Leitbild propagiert und zunächst von vielen »Meinungsbildnern« der Zeit abgelehnt. Die Vertreter der Gegenbewegung ordneten das Auftreten von Liebe in der Ehe eher als schädlich und kontraproduktiv ein. So schrieb einer der Lieblingsdichter der Deutschen zu jener Zeit, Jean Paul: »Die Ehe wird nicht glücklich durch die Liebe – oft das Gegenteil –, sondern durch Vernunft.«

Gegen Ende des 18. Jahrhunderts warnten moralische Schriften und Familienzeitschriften vor dem Irrglauben, dass die Liebe in der Ehe ewig Bestand habe: »Liebe trägt Unglück in die Ehe.«

Das gehobene Bürgertum, das teilweise dem romantischen Liebesideal wie einer Modetorheit nachgelaufen war und die Unterschiede zwischen Liebe und Ehe verwischte, bemerkte wohl bald, dass die Mehrung der Lebensqualität durch Intimisierung der Ehe ein mühseliges Unterfangen war. Die Romantik als große Theorie der Liebe hatte kaum Vorsorge für den Liebesalltag getroffen.

Doch trotz Romantik und neuem Eheideal waren Geld und eine gute Partie im 19. Jahrhundert vorrangige Ziele auf dem Heiratsmarkt.

Der Historiker Peter Burscheid hat zweihundert autobiographische Schriften aus dieser Zeit untersucht und ist zu dem Schluss gekommen, dass die Liebesheirat noch bis weit ins 19. Jahrhundert hinein wenig verbreitet war. Bei seiner Untersuchung des Heiratsverhaltens hat er festgestellt, dass stattdessen äußerst schlichte Kriterien bei der Partnerwahl angewendet wurden.

Auf dem vorromantischen Heiratsmarkt ging es recht pragmatisch zu. Bäuerliche Heiratsstrategien sollten nicht einsame Herzen zueinander bringen, sondern die dörfliche Sozialstruktur stabilisieren, die Frau sollte möglichst viele Äcker mit in die Ehe bringen. In etwa galt folgende Formel: Mann sucht Frau mit viel Mitgift, die fleißig ist und einen guten Ruf hat, Frau sucht Mann, der reich ist und tüchtig.

Doch auch unter Handwerkern wurde es en vogue, Liebe vorzutäuschen, um handfeste materielle Absichten zu verdecken. »Es geht mir gar nicht um das Holzgeschäft Ihres Vaters, ich habe Sie wirklich gern«, heißt es im Werbebrief eines heiratswilligen Handwerkers.

Auch die Sozialwissenschaftlerin Heidi Rosenbaum geht in ihrem Buch »Familie und Gesellschaftsstruktur« auf die dominierende Bedeutung des Geldes bei der Familiengründung ein. Bevor Freiräume für die Liebe geschaffen werden konnten, musste zuerst der äußere Rahmen stimmen.

Der große Teil der Bevölkerung litt bis weit ins 19. Jahrhundert hinein unter überlangen Arbeitszeiten und zermürbenden Sorgen ums wirtschaftliche Überleben. Da gab es anderes, als die Prioritäten bei der Gattenwahl neu zu mischen. So war die Liebesheirat zwar das Ideal, aber die Praxis sah ganz anders aus. Rosenbaum kommt zum Fazit: »Wo für die Frau die Ehe die einzige angemessene sozial akzeptierte Versorgungs- und Lebensperspektive war, war die romantische Liebe lediglich eine Erfindung der Literatur, ein Stoff für Träume und nicht die Norm. Für die Frauen, ausgeschlossen von Erwerbsarbeit, beim Erbrecht benachteiligt, war die Ehe eine reine Versorgungsanstalt.«

In unserem 21. Jahrhundert hat die Ehe zwar an Bedeutung verloren, aber die romantische Zweierbeziehung ist Pflicht, Norm und Religion geworden. So wird die Beziehung zur unverzichtbaren emotionalen Versorgungsanstalt, die dann aber in den seltensten Fällen eine durchgehende emotionale Versorgung gewährleisten kann.

LIEBE KANN KEINE ERFINDUNG SEIN!

Nun höre ich schon den entsetzten Einwand der Verfechter des romantischen Liebesmodells: »Was, eine Erfindung des 18. Jahrhunderts? Das kann nicht sein! Liebe gab es doch vorher schon! Im Mittelalter, Romeo und Julia, Werther! Die ganzen berühmten Liebespaare, schon in der Bibel steht das Hohelied der Liebe, in Gedichten, in allen Kulturen!«

Auch hier gilt es natürlich wieder zwischen Fiktion und Lebensrealität zu unterscheiden. Noch nicht einmal die berühmten Liebespaare der Literatur lebten auf dem Lande oder kamen aus den hart arbeitenden gewerblichen Berufen.

Das Hohelied der Liebe hat eindeutig einen erotischen Inhalt. Das darf man nicht mit Liebe verwechseln.

Die mittelalterliche Liebeslyrik, der Minnesang, verhandelt allein die höfische Liebe und beruht darauf, dass eine unerreichbare, verheiratete Frau angesungen wird. Minnesang ist ein Singer-Songwriter-Trick, weil auch Walther von der Vogelweide und Wolfram von Eschenbach schon wussten, dass die schönsten Lieder immer die vergeblichen, traurigen sind.

BERÜHMTE LIEBESPAARE –
EINE DEKONSTRUKTION

Aber gehen wir ruhig einmal die berühmten Paare aus Geschichte und Literatur nacheinander durch:

Adam und Eva
Über ihre Beziehung ist wenig bekannt, da es keine Zeitzeugenberichte gibt. Erich Fromm glaubt nicht, dass die beiden sich geliebt haben, weil sie »Die Kunst des Liebens« noch nicht beherrschten. Sonst hätte Adam ja wohl kaum die Schuld auf Eva geschoben, als sie, des Essens vom Baum der Erkenntnis beschuldigt, aus dem Paradies flogen. Mythengeschichtlich betrachtet, gehören Adam und Eva zu den Einheitsmythen, hier natürlich mit patriarchalischer Prägung: Frau aus Rippe gemacht und später in viktorianischer Sexualmoral interpretiert (Vertreibung aus dem Paradies, weil sie ihre Genitalien sahen) – so Erich Fromm.

Antonius und Kleopatra
Wer weiß, ob sie jemals gelebt haben, ihre Mumien wurden niemals gefunden.

Daphnis und Chloe
Waren Hirtenkinder, reine Fiktion.

Medea und Jason
Eine zutiefst ungute Beziehung von Rache und Grausamkeit geprägt.

Ödipus und Iokaste
Siehe oben. Beziehung mit schlimmen Folgen: Schande, Inzest, berühmter Komplex.

Heloise und Abelardus
Beziehung ohne Zukunft. Sie im Kloster, er entmannt.

Hero und Leander
Er ertrinkt, sie stürzt sich in den Tod, auch nicht schön.

Romeo und Julia
European Rich Kids, junge Adelige aus Verona. Julia war vierzehn, von körperlicher Arbeit befreit und ohne Geldsorgen.

Rhett Butler und Scarlett O'Hara
Trafen sich in einer historisch außergewöhnlichen Situation im amerikanischen Bürgerkrieg. Unstete Beziehung, er verschwindet am Schluss im Nebel, sie tröstet sich mit ihrem Grundbesitz: »Tara, mir bleibt immer noch Tara.«

Soraya und der Schah von Persien.
Sie wurde vom Hof verstoßen, weil kein Kind kam.

Tarzan und Jane
Notgemeinschaft ohne große Alternative.

Kate Winslet und Leonardo di Caprio in »Titanic«

Sie Tochter aus gutem Haus, er Habenichts. Wenn das Schiff nicht gesunken wäre, hätten sie sich auf dem Festland bald getrennt, wegen großer Unterschiedlichkeit der Herkunft. Er hätte dem Mädchen aus reichem Hause nichts bieten können. Vielleicht ahnt sie das auch und löst deshalb, als sie zusammen auf einem Holzbrett auf dem Eismeer treiben, seine festgefrorenen Hände von dem Brett und lässt ihn ganz gnadenlos nach unten plumpsen.

Siegfried und Roy

Vielleicht das einzige dauerhaft glückliche Paar. Haben aber auch ihre Millionenvilla in Las Vegas und ihre weißen Tiger, die für Abwechslung und Aufregung sorgen, wenn es in der Beziehung mal langweilig wird.

Wir sehen also: In der Literatur und im Film ist die große Liebe meistens tragisch oder tödlich und keinesfalls eine Gebrauchsanweisung oder ein Muster für ein schönes oder zumindest erträgliches Leben. Es ist also idiotisch, die normale Sinnlosigkeit und die Sterblichkeit, mit denen wir Menschen nun mal konfrontiert sind, durch das Streben nach einem nie verwirklichten Ideal, dem Konstrukt »Liebe«, aufheben zu wollen.

Auch die vielbewunderte »Künstlerehe«, die Idee des »hohen Paares«, hat doch seit ihrer Erfindung eine ständige Entwicklung nach unten durchgemacht:

Cosima und Richard Wagner
Simone de Beauvoir und Jean-Paul Sartre
John Lennon und Yoko Ono
Kermit und Miss Piggy
Heidi Klum und Seal
Jay Khan und Indira Weis

Leider werden diese historischen Wahrheiten in den Medien unterdrückt. In einer großangelegten Gehirnwäsche wird im Gegenteil verbreitet, die Liebesehe wäre seit den Neandertalern der Normalfall, die romantische Zweierbeziehung ist Pflicht und Norm.
Eine ganze Hochzeitsindustrie verdient am Irrglauben der Menschheit. Junge vernünftige Leute heiraten unter den denkwürdigsten Zeremonien in Weiß und glauben an die Liebe fürs Leben. Aber bei den wenigsten kann man so etwas wie echte Zuneigung sehen, eher sieht man das, was Schlegel schon 1799 an den Ehen seiner Zeit bemängelt hatte: »Da liebt der Mann in der Frau nur die Gattung, die Frau im Mann nur den Grad seiner natürlichen Qualitäten und seiner bürgerlichen Existenz und beide in den Kindern nur ihr Machwerk und ihr Eigentum.«

Wohnzimmer, 10. Oktober

Heute Nachmittag kam T. vorbei, sie war sehr angeschlagen und den Tränen nahe, natürlich weil J. wieder so gemein war, weil es immer dasselbe war, weil sie immer Pech hatte und sich mit J. wohl wieder einen echten Idioten ausgesucht hatte.

An dieser Stelle konnte ich nur beipflichten. Wir Freunde und Freundinnen hatten es ja von Anfang an gewusst, aber T. war von ihrem Freund immer so überzeugt und dadurch beratungsresistent gewesen. »Immer verliebe ich mich in die Falschen!«, jammerte sie. Ich überlegte, ob ihr das alte Sprichwort »Alle Männer sind die Falschen« in diesem Moment wohl Trost spenden könnte, ließ die Idee aber wieder fallen und erzählte ihr das Gleichnis vom Trauerschwan Petra.

PETRA DER TRAUERSCHWAN ODER
ICH GLAUB, ICH HAB EIN FAIBLE FÜR IDIOTEN

Es begann im Sommer 2006 auf dem Aasee im westfälischen Münster. Der schwarze Trauerschwan Petra hatte eine seltsame, aber große Zuneigung zu einem überlebensgroßen weißen Tretboot in Schwanenform gefasst. Petra hatte wohl in ihrer Schwanennaivität angenommen, dieser überlebensgroße weiße Schwan sei etwas ganz Besonderes, irgendwie anders als die andern, zwar ein wenig starr und wenig entgegenkommend, aber gerade deswegen besonders interessant und liebenswert. Und so verliebte sich der Trauerschwan in das weiße Tretboot, das eine Yachtschule stundenweise vermietete. Petra wich nicht von der Seite des unbeseelten Plastiktiers, bei seiner Vermietung schwamm sie nebenher und verfiel in Drohgebärden, wenn jemand dem Tretboot zu nahe kam.

So ähnlich verhält sich eine Frau, die sich in einen besonders verhaltensgestörten Mann verliebt und glaubt, ihn durch Liebe und Hartnäckigkeit heilen zu können.

Von unserer Perspektive aus gesehen, verhält sich der Trauerschwan Petra völlig blöd. Aber wer weiß, vielleicht sieht Petra Dinge, die wir nicht sehen? Vielleicht gibt das Tretboot doch geheime Zeichen, bewegt sich leicht im Wind, und die arme Petra interpretiert das als Zeichen der Zuneigung und bleibt fest an der Seite des Plastikteils?

Vielleicht ist sie sogar glücklich dabei, falls Schwäne so etwas wie Glück empfinden können? Wahrscheinlich verpasst sie aber durch ihre ganz und gar sinnlose, treue Liebe zu einem Stück Plastik viele andere schöne Natur- und Tiererlebnisse.

Einige Zeit nach der Liaison mit dem Tretboot war Petra verschwunden, und man weiß bis heute nicht, ob sie den Schwindel bemerkt hatte. Vielleicht war sie untergetaucht, um ihre seelischen Wunden nach der aufgedeckten Selbsttäuschung zu heilen? Die einseitige Beziehung zum Tretboot hatte immerhin zwei Jahre gedauert! Und um eine ernsthafte Beziehung nach der Trennung zu verarbeiten, braucht man noch mal so lange, heißt es.

Trauerschwan Petra
und Tretboot

Zurück zum Menschen. Bislang sprach man als Laie ja bei Frauen, die sich immer von besonders gestörten, kaputten Männern angezogen fühlen, vom Helfersyndrom oder Helferleinsyndrom. Das Helfersyndrom bezeichnet aber eigentlich eine Form der Überforderung, die bei Menschen auftritt, die in Pflegeberufen tätig sind.

Nun muss es ja nicht immer gleich pathologisch sein, wenn wir uns zu den etwas schwierigeren Menschen hingezogen fühlen. Die leicht verschrobenen Menschen wirken eben auf den ersten Blick interessanter als die glücklichen, vor Kraft strotzenden Gewinnertypen. Die Gestörten scheinen rätselhaft und tiefgründig, und das macht sie für uns erst einmal interessant (vgl. Vampirsyndrom im Kapitel »Die Vampirbeziehung als positive Utopie«).

Warum suchen sich aber besonders Frauen gerne ganz schwierige Fälle aus? Warum verlieben sie sich immer wieder in zutiefst verhaltensgestörte, bindungsunwillige, emotional verarmte Männer? Warum gehen sie freiwillig Beziehungen ein, die von vornherein zum Scheitern verurteilt sind, dabei aber auch noch viel Leid und wenig Spaß mit sich bringen?

Vielleicht, weil so eine Beziehung immerhin Beschäftigung bringt. Manchmal gibt es kleine Therapieerfolge zu verzeichnen, und die eigentliche Sinnlosigkeit oder Langeweile in der RZB, das Sich-nicht-Verstehen oder Nichts-miteinander-anfangen-Können wird durch diese Therapiearbeit übertüncht. Vielleicht kommt noch eine unglückliche Kindheitsdisposition dazu, und die Psyche, die manchmal arg dumm ist, denkt: »Wenn ich diesen gefühlskalten Mann dazu bringe, mich zu lieben, dann werde ich für die Ablehnung durch meinen gefühlskalten Vater entschädigt.« Tragischerweise fühlen sich deshalb auch Frauen, die in ihrer Kindheit unter einem

Alkoholikervater gelitten haben, später zu Alkoholikern hingezogen.

Aber auch bei den weniger gravierenden Fällen heißt die Devise: Bleiben lassen! Denn selbst wenn der kräftezehrende Versuch gelingt und eine interessante Gestörtheit des Partners ansatzweise geheilt werden konnte, wird es zu Enttäuschungen kommen. Denn manchmal ist die Störung das einzig Interessante gewesen, und wenn die behoben ist, bleibt nichts übrig.

Es bringt also nichts! Deshalb die Energie gleich lieber in andere Dinge stecken: Freundschaften schließen, Kunst schaffen, Bildung anhäufen, sich sozial und politisch engagieren, die Gesellschaft verändern!

Aber noch einmal zum Schwan: Petra ist ja nicht die einzige Schwänin, die einem Liebesirrtum aufgesessen ist, vor allem in Norddeutschland scheint die schwänliche Objektliebe öfters aufzutreten So hat Höckerschwan »Schwani« aus dem Münsterland sechs Jahre lang in unerfüllter Liebe einen kleinen blauen Traktor gestalkt. Erst im August 2011 ließ er vom Traktor ab und verliebte sich neu – in eine Gans. Bereits 1994 hatte Alsterschwan Swanee Schlagzeilen gemacht, weil er sogar ein Nest für sein geliebtes Tretboot gebaut hatte.

Und im Juli 2010 wich im Vogelpark Niendorf in der Nähe von Timmendorfer Strand ein fünfzehnjähriger Gänserich namens Romeo einer Keramik-Gans, die sinnigerweise Julia getauft wurde, nicht mehr von der Seite. Der Ganter Romeo versuchte neugierige Besucher auf Distanz zu halten und schmiegte sich immer wieder an die weiße Keramik mit dem blauen Halsband.

Interessant ist, dass vor allem Schwäne, die doch dem

Menschen immer als Vorbild für jahrelange Treue gelten, sich in Gegenstände verlieben. Der Verhaltensforscher spricht dabei von der »Konditionierung« der Vögel auf Gegenstände.

Die extrem seltene sexuelle Orientierung der Objektophilie kommt auch beim Menschen vor, sie richtet sich auf unbelebte Gegenstände. Objektophile Menschen pflegen eine vollwertige, also emotionale und körperliche Beziehungsliebe zu Dingen. Dabei entscheidet sich die Objektophilie vom Fetischismus dadurch, dass das Objekt nicht nur zur Stimulanz dient, sondern als eigenständiges, quasi-personelles Gegenüber wahrgenommen und als anziehend empfunden wird.

Die bekannteste Objektophile ist wohl Erika Eiffel, eine ehemalige Soldatin aus San Francisco, die seit 2007 mit dem Eiffelturm verheiratet ist. Eija-Riita Eklöf-Berliner Mauer, eine schwedische Modellbauerin, ist seit 1979 mit der Berliner Mauer verheiratet. Sie engagierte einen Animisten, der mit der Mauer kommunizierte und für diese das Ja-Wort gab. Seit dem 9. November 89 ist sie verwitwet.

Aber nicht nur in unserem westlichen Kulturkreis kennt man die Objektophilie. Im Jahr 2007 hat eine Frau im indischen Bundesstaat Assam ein Buch geheiratet. Die 60-Jährige ging den Bund der Ehe mit der Shrimad Bhagavad Gita ein, einer heiligen Schrift des Hinduismus. »Ich hatte keine Lust, einen Mann zu heiraten«, begründete sie den ungewöhnlichen Schritt. Die Zeremonie wurde nach dem traditionellen Ritus vollzogen.

In seinem Buch »Neosexualitäten« beschäftigt sich der bekannte Frankfurter Sexualforscher Volkmar Sigusch unter anderem mit der Objektophilie. In einem Spiegel-Interview gab er folgendes Beispiel: »Fragen Sie mal hundert Männer, mit wem sie mehr Zeit verbringen, wen sie mehr lieben: ihre Frau oder das neue Auto? Gehen Sie mal auf eine Automesse. Da können Sie bei Männern alle Zeichen der sexuellen Erregung beobachten: Glanzauge, Tremor, Sex Flush.«

BINDUNGSTYPEN UND BINDUNGSTHEORIEN

Warum binden sich Menschen an unpassende Partner und Schwäne an Tretboote? An dieser Stelle kann uns die psychologische Liebesforschung helfen und weiterbringen. Wer immer in die gleichen unguten Muster fällt, dem kann es nicht schaden, einmal darüber nachzusinnen, warum er das tut.

In der Bindungstheorie (attachment theory) geht man davon aus, dass Menschen ein grundsätzliches Bedürfnis haben, sich an eine andere Person zu binden und diese Bindung aufrechtzuerhalten. Dabei werden Bindungsstile bereits im Kleinkindalter erworben, bleiben relativ stabil und leisten einen wichtigen Beitrag zum Verständnis erwachsener Paarbeziehungen.

Die Bindungstheorie wurde vom englischen Kinderpsychiater John Bowlby auf dem Hintergrund von persönlichen Erfahrungen, empirischen Erhebungen und psychoanalytischen Konzepten entwickelt. Bowlby geht davon aus, dass das Vorhandensein einer Bindung genauso wie Essen, Trinken und Schlafen zu den primären menschlichen Bedürfnissen zu zählen ist. Ein zentraler Begriff bei Bowlby ist das Bindungsverhalten, das aus bestimmten programmierten Verhaltenssequenzen wie z. B. Suchen, Rufen, Anklammern, Nachfolgen, Protest bei Trennung und anderen Äußerungen besteht. Diese Signale sollen die Nähe zur schützenden Person sichern

und von Erwachsenen verstanden und beantwortet werden.

Kinder unterscheiden sich in ihrem Bindungsverhalten.
Die Erforschung dieser Unterschiede erfolgt bei kleinen
Kindern experimentell durch den von der US-amerikani-
schen Entwicklungssychologin Mary Ainsworth entwickelten »Strange Situation Test«, bei dem das Verhalten
des Kleinkindes in acht aufeinanderfolgenden Episoden
in einem durch Einwegscheiben beobachtbaren Raum
registriert wird.

Episode	Ereignisfolge	anwesende Personen
1	Mutter und Kind betreten den Raum, Mutter setzt Kind auf den Boden	Kind, Mutter
2	Mutter und Kind sind allein. Mutter liest, Kind kann Umgebung erkunden	Kind, Mutter
3	Fremde Person tritt ein, nimmt Kontakt mit Mutter und Kind auf.	Kind, Mutter, Fremde
4	Mutter verlässt den Raum, Fremde beschäftigt sich mit Kind, tröstet es, wenn notwendig	Kind, Fremde
5	Mutter kommt zurück, Fremde geht, Mutter und Kind sind allein	Kind, Mutter
6	Mutter verlässt den Raum, lässt Kind allein zurück	Kind
7	Fremde Person tritt ein, versucht Kind zu trösten	Kind, Fremde
8	Mutter kommt zurück, Fremde verlässt den Raum	Kind, Mutter

Aufgrund dieses Tests lassen sich drei Bindungsstile
identifizieren:

1. **Sicherer Bindungsstil:**

   Diese Kinder zeigten Stress in der Trennungssituation, ließen sich jedoch schnell durch die Mutter trösten und nahmen wieder Kontakt zu ihr auf. Die Mutter war hier die Sicherheitsbasis. Dieser Bindungsstil traf auf 66 % der getesteten Kinder zu.

2. **Unsicher-vermeidender Bindungsstil:**

   Die Interaktion dieser Kinder war wenig emotional. Blick- und Körperkontakte wurden weitgehend vermieden. Bei der Trennung gab es keine äußeren Anzeichen für Stress oder Trauer, und bei der Rückkehr der Mutter wurde kein Kontakt zu ihr aufgenommen. Diese Kinder erlebten dennoch Streß, was sich an einem beschleunigten Herzrhythmus zeigte. 22 % der Kinder ließen sich dieser Gruppe zuordnen.

3. **Ängstlich-ambivalenter Bindungsstil:**

   Diese Kinder zeigten, genau wie die mit sicherem Bindungsstil, Trauer bei der Trennung. Im Unterschied zu der zweiten Gruppe fiel hier jedoch eine Gefühlsambivalenz bei der Rückkehr der Mutter auf. Sie suchten die Nähe zu ihr, sträubten sich aber gleichzeitig gegen den Kontakt und zeigten Wut und Ärger. Dieses Bindungsverhalten wurde bei 12 % der Kinder beobachtet.

Im Zuge der Bindungsforschung wurden noch weitere Bindungsstile entdeckt, der »gleichgültig-vermeidende« und der »unsicher-desorganisiert / desorientierte«. Die desorganisierten Kinder zeigten bizarre Verhaltensweisen, wie die intensive Vermeidung nach intensiver Kontaktaufnahme, Annäherung mit abgewendetem Kopf und im Ansatz abgebrochene Bewegungen. Bei Befragung der Eltern dieser Kinder wurden gehäuft eigene Misshandlungen oder schmerzhafte Verluste in der Kindheit erinnert. Die Eltern hatten die eigene Unsicherheit an ihre Kinder weitergegeben.

Michael Jackson kann als Beispiel für einen desorganisierten Bindungsstil gelten. Pippi Langstrumpf dagegen zeigt trotz ihres Schicksals als Halbwaise einen sicheren Bindungsstil: Sie ist traurig, wenn ihr seefahrender Vater wieder abreist und freut sich bei seiner Rückkehr. Auch das Waisenkind Heidi kann eine sichere, stabile Beziehung zum Alm-Öhi aufbauen. Pumuckl und Pinocchio sind mit ihren Wutausbrüchen nicht so leicht einzuordnen, sie könnten für einen unsicher-vermeidenden oder einen desorganisiert-desorientierten Bindungsstil stehen.

Nach Bowlby werden die kindlichen Beziehungserfahrungen zu Bestandteilen der erwachsenen Persönlichkeit. Er spricht in diesem Zusammenhang von einer »Wiederholungsneigung«, das heißt, dass Menschen dazu tendieren, ihre inneren Bindungsschemata in der Beziehung zu ihren Kindern und auch in Partnerschaften zu reinszenieren. Diese »inner working models« neigen zwar dazu, stabil zu bleiben, dennoch sind sie auch später noch veränderbar. So kann die Bindungssicherheit beispielsweise durch eine zusätzliche Bezugsperson, durch gelungene Psychotherapie oder durch positive Partnerschaftserfahrungen zunehmen.

Auf Erwachsene angewandt, weisen die verschiedenen Bindungstypen auf unterschiedliches Verhalten in der

Partnerwahl und Paarbeziehung hin: Ängstlich-ambivalente Personen beschäftigen sich ständig mit der Partnerschaft, suchen extreme Nähe und verlieben sich oft
auf den ersten Blick. Sie erleben ein Durcheinander der
Gefühle, sind besonders eifersüchtig und klammernd,
idealisieren den Partner, haben aber sehr wenig Vertrauen in ihn.

Ängstlich-vermeidende Personen sind besonders frustriert und ambivalent, weil sie sich über ihre Gefühle in
der Partnerschaft im Unklaren sind, außerdem haben sie
besonders wenig Vertrauen.

Gleichgültig-vermeidende Personen akzeptieren den
Partner oft nicht so, wie er ist, legen Wert darauf, sich
selbst zu genügen, und sind wenig bindungsbereit.

In dieser Darstellung werden sehr schön die Liebesstile
Lees, das Beziehungsdreieck Sternbergs und die Bindungsstile von Bowlby zusammen veranschaulicht:

	Eros	Ludus	Storge	Pragma	Mania	Agape
Intimität	+	−	+		+	+
Leidenschaft	+	−			+	+
Entscheidung / Bindung	+	−			+	+
Zufriedenheit	+	−				+
Selbstöffnung	+	−				+
Selbstsicherheit	+	+			−	+
aktuelle Verliebtheit	+	−				+
Anzahl bisheriger Beziehungen		+				

	Eros	Ludus	Storge	Pragma	Mania	Agape
sicherer Bindungsstil	+	–				+
vermeidender Bindungsstil	–	+		+		–
ängstlich ambivalenter Bindungsstil	+		–		+	+

Bindungsstile und Paarbeziehungen

Bindungsstile und ihre Auswirkungen auf aktuelle Partnerschaften sind das Thema zahlreicher Studien. Dabei
fiel auf, dass sich sichere Personen häufig mit sicheren
und unsichere überwiegend mit ebenfalls unsicheren
Personen als Paar zusammenfinden.

Die amerikanischen Sozialpsychologen Kirkpatrick und
Davis untersuchten Anfang der neunziger Jahre des
20. Jahrhunderts die Beziehungen von 354 heterosexuellen Paaren und ermittelten, dass die Bindungsstile der
Partner nicht zufällig gepaart waren.

Zum Beispiel wurden keine »ängstlich-ängstlichen« und
»vermeidend-vermeidenden« Paare gefunden. »Sichere«
Personen waren in den Studien häufiger mit »sicheren«
Partnern zusammen und »ängstliche« mit »vermeidenden«.

Die Bindungstheorie liefert eine theoretische Erklärung
dafür: Bei sicheren Paaren besteht Ähnlichkeit im Bindungsstil, auch ängstlich-ambivalente und gleichgültig-
vermeidende Personen bilden häufig ein Paar. Letztere
Konstellation macht das Auftreten von Nähe-Distanz-

Konflikten wahrscheinlich, da der vermeidende Partner sich zurückweisend verhält und der ängstliche Partner sich regelmäßig zurückgewiesen fühlt.

Charakteristisch für Bindungsunsicherheit sind die Angst vor dem Verlassenwerden und das Vermeiden emotionaler Nähe in Beziehungen. In ihren Bindungsstilen ähnliche Personen ziehen sich gegenseitig an. Zwei sicher gebundene Personen setzen ihr Beziehungsverhalten angemessen ein, sie suchen Nähe und fühlen sich von ihrem Partner angenommen und geliebt. Erklärungen für das Zusammenfinden zweier unsicherer Bindungstypen finden sich in tiefenpsychologischen Ansätzen. So besteht Grund zur Annahme, dass Paare ihre Störungen häufig in komplementärer Weise ausleben: Anfangs übt die Andersartigkeit eines potentiellen Partners noch eine gewisse Faszination aus, weil die andere Person Eigenschaften besitzt, die man selbst gern hätte.

Damit ließe sich beispielsweise die Kombination ambivalenter und vermeidender Individuen interpretieren: Die ambivalente Person wird von der vermeidenden angezogen, weil sie von deren Unabhängigkeit und Selbstständigkeit beeindruckt ist, und umgekehrt spürt die vermeidende, dass die ambivalente im Gegensatz zu ihr die Fähigkeit zu liebevollem Nahkontakt besitzt. Aus der anfänglichen Faszination kann dann später ein Teufelskreis entstehen – je mehr der Nähesuchende den Distanzierten bedrängt, desto mehr zieht sich dieser zurück und desto mehr wird dieser wieder bedrängt.

Bei Untersuchungen stellte man fest, dass überdurchschnittlich häufig vermeidende Männer mit ängstlichen Frauen zusammen waren und dass deren Beziehungen dabei eine hohe Stabilität aufwiesen, obwohl in dieser Konstellation gleichzeitig die Unzufriedenheit am größten war. Für die überdurchschnittliche Häufigkeit und Stabilität ausgerechnet der unglücklichsten Beziehungen kommen zwei Ursachen in Betracht: Zum einen ist das vermeidende Verhalten des Mannes und das ängstliche Anklammern der Frau gut mit der traditionellen Geschlechterrollenverteilung vereinbar. Zudem erleben ängstliche Frauen mit vermeidenden Männern ein hohes Maß an Leidenschaft – sie fühlen sich herausgefordert, den abweisenden Stil ihrer Männer zu durchbrechen.

Wenn wir an dieser Stelle zurück zu Petra und ihrem Plastikboot gehen, können wir diese Beziehung als Beispiel für die Bindung einer ängstlich-ambivalenten Frau (Petra) und eines gleichgültig-vermeidenden Mannes (Plastikboot) einschätzen.

Für Petra war die wenig entgegenkommende Haltung des gleichgültig-vermeidenden Bootes eine Herausforderung, und ihre Beziehung erhielt dadurch Stabilität.

Berlin, 1. November

Eigentlich hat man ja gedacht, die unselige Halloween-Mode würde so langsam abklingen. Aber die letzten Tage haben gezeigt, es wird immer schlimmer: Vampir-Amerikaner beim Bäcker, der Internetprovider macht »Schaurig-schöne Angebote«, und in der Metzgerei gibt's Halloween-Wurst. Auch im Clubleben wirbt man mit Grusel-Sex-Splatter-Shows und der »schaurigsten Nacht des Jahres«.

Als ob es nicht reicht, dass am 31. Oktober immer mehr blöde Kinder durch die Straßen ziehen und »Süßes oder Saures« vor sich hin greinen! Man kann es den kleinen Kröten nicht ganz verdenken, dass dieses Rumrennen in der Dunkelheit Spaß macht, dass ein kleiner süßer Duft von Anarchie dabei aufkommt. Viel schlimmer ist, dass die Kommerzialisierung von Kürbissen unsere Gesellschaft immer weiter amerikanisiert! Wurden nicht schon genug unnötige Dinge aus den Vereinigten Staaten importiert: Jogging, Junggesellenabschiede, Casual Friday, Rauchverbot, After-Work-Partys?

Kulturwissenschaftler fanden heraus, dass der Import von Halloween um 1995 in eine Zeit des gesellschaftlichen Umbruchs fiel. Warum ist er dann aber ein überwiegend westdeutsches Phänomen? Vielleicht, weil der im 19. Jahrhundert von irischen Einwanderern nach

Amerika mitgebrachte Brauch doch tief im Katholizismus verankert ist, der wiederum dem atheistischen Osten fremd ist? Man weiß es nicht.

Aber vielleicht muss man an die Halloween-Mode viel lockerer herangehen, muss den Kürbiserzeugern, der Süßwaren- und Dekoindustrie ihre Gewinne gönnen und schauen, wie dieser Brauch auf hiesige Verhältnisse umcodiert werden kann.

Die Tagespresse hat einen kreativen Umgang mit Halloween gefunden: Mit deutscher Gründlichkeit wird aufgelistet, was an Halloween alles verboten ist und wie weit die Eltern für ihre marodierenden Kinder haften müssen.

HERBST DER TRENNUNGEN

Es ist trüb und nass – November. Und wie immer in diesem dunklen Monat halten wir inne, ziehen Resümee und freuen uns an dem Herbst der Trennungen. Es ist immer schön, wenn Paare sich trennen, aber wenn gerade in den Wochen vor dem Fest der Liebe so viele Prominenten-Beziehungen scheitern, geht der Paarkritikerin das Herz auf. Warum trennen sich eigentlich so viele Paare im Herbst?, fragen sich die Trennungsfans.

Nun, da gibt es verschiedene Theorien: Man will kurz vor dem neuen Jahr die belastende Beziehung noch schnell loswerden, man denkt in der trüben Jahreszeit mehr nach und beschließt, ein bisschen aufzuräumen und auszumisten. Es könnte aber auch an einer günstigen herbstlichen Sternenkonstellation liegen. Und schließlich: Haben nicht auch alle Revolutionen im Herbst ihren Anfang genommen?

Dieses Jahr fiel der Herbst der Trennungen ein bisschen mau aus, es kann nicht immer 2008 sein – ein sehr starker Trennungsjahrgang. Damals fanden schließlich nicht nur Madonna und Guy Ritchie, sondern auch Sandy Meyer-Wölden und Boris Becker, Sarah Connor und Marc Terenzi auseinander.

Aber auch in den letzten Jahren gab es im Herbst immer sehr schöne Trennungen. Im WM-Jahr 2010 ging der

Preis für die Trennung des Herbstes an den Fußballer Mesut Özil und die Sarah-Connor-Schwester Anna Maria Lagerblom. Sie war extra zum Islam konvertiert und dann das! Wird sie zurückkonvertieren?, fragte sich ganz Deutschland. Wir hätten, wären wir gefragt worden, damals dazu geraten, erst einmal eine Religions- und Beziehungspause einzulegen. Interviews zufolge sei das Verhältnis mit dem Fußballer recht langweilig gewesen. Er habe sich in der Freizeit »seinen Freunden, Fanta und seinem Flachbildschirm« gewidmet und stundenlang Playstation gespielt.

Den zweiten Platz haben Christina Aguilera und Jordan Bratman mit ihrer mutigen Trennung verdient. »Sie genossen nackte Sonntage miteinander und zelebrierten die große Liebe«, schrieb eine Trennungsfachzeitschrift. Ja, wenn nackte Sonntage nix mehr helfen, ist es wohl Zeit, Schluss zu machen, kann die Trennungsexpertin da nur noch hinzufügen. Schön, dass kurz darauf die Nachricht vom Beziehungsende bei Desperate-Housewife Eva Longoria und Basketballer Tony Parker hereinflatterte. In einem französischen Schloss nahe Paris hatten sie geheiratet, aber auch das konnte die »unüberbrückbaren Differenzen« in der Ehe nicht verhindern.

Im Rückblick sind die letzten Trennungsjahre eher durchwachsen ausgefallen. In der Kategorie »Trennung nach Oscar« gewann Sandra Bullock, im Segment »Beziehungskiller Hollywood« haben sich besonders Jim Carrey, Kate Winslet, Tim Robbins und Susan Sarandon Verdienste erworben. 2011 setzten Arnold Schwarzenegger und Maria Shriver mit ihrem »Wir haben viel geredet und gebetet« neue Akzente, aber auch das glücklichste

Paar der deutschen Volksmusik, Stefan Mross und Stefanie Hertel, fand endlich in Freundschaft auseinander. Der Höhepunkt des Trennungsjahres 2011 war natürlich das langersehnte Ehe-Aus zwischen Ashton Kutcher und Demi Moore. Das twitternde Promi-Pärchen hatte sich 2005 mit einer traditionellen Kabbala-Zeremonie in Beverly Hills trauen lassen.

Seit ein paar Jahren schon gibt es ja eine neue Scheidungskultur: die amerikanische Trennung. Man verzichtet auf Details und verkündet durch die Pressesprecherin: In immer noch großer Liebe und mit großem Respekt füreinander haben wir uns getrennt.

Wer aber nicht prominent ist und eine Trennung durchmacht, muss mit ganz anderen Problemen kämpfen. Aber auch hier hat eine Trennung im November ganz entscheidende Vorteile. Es tut weh, und die Aussichten sind deprimierend: Weihnachten alleine, Silvester alleine. Aber wenn das geschafft ist, ist das Ärgste durch. Und man kann befreit ins neue Jahr gehen.

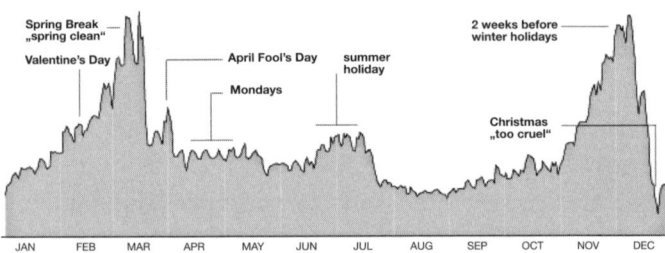

Peak Break-Up Times
According to Facebook status updates

Spring Break „spring clean"

Valentine's Day

April Fool's Day

Mondays

summer holiday

2 weeks before winter holidays

Christmas „too cruel"

JAN FEB MAR APR MAY JUN JUL AUG SEP OCT NOV DEC

David McCandless & Lee Byron
InformationIsBeautiful.net / LeeBryon.com

source: searches for „we broke up because"
taken from the infographic ultrabook
The Visual Miscellaneum

LIEBESKUMMER LOHNT SICH –
T. UND DIE RACHEKOMMODE

Liebeskummer lohnt sich nicht, heißt es in einem alten Schlager, und Frank Zappa drückte es später ein bisschen drastischer aus: »Broken Hearts are for Assholes.«
Aber wem das Herz gebrochen wurde, dem nützen diese Binsenweisheiten nicht viel. Liebeskummer ist schrecklich und tut weh. Bislang schien es ein anerkanntes Heilmittel zu sein, sich in dieser schlimmen Situation bei Freundinnen und Freunden auszuheulen, zu warten, bis sich das Gefühl der verschmähten Liebe in gerechten Hass und Verachtung verwandelt. Dann neue Pläne zu machen und allmählich die Schatten der Vergangenheit hinter sich zu lassen. Also Trennung als Chance zu begreifen.
Bei einer Trennung gilt es verschiedene Stufen zu durchlaufen:

1. Schock verkraften
2. Trauerarbeit
3. Den Partner entidealisieren, also schlechtmachen, und sich immer wieder die Tiefpunkte und Schattenseiten der Beziehung vor Augen halten. Man muss sich nach einer Trennung selbst verzeihen, man muss irgendwann auch dem anderen verzeihen, aber in der ersten bis dritten Phase des Liebeskummers muss

man die Verachtung herausarbeiten und Rache nehmen.

4. Danach die innere Freiheit und die Vorteile des Alleinseins genießen und eben nicht, wie es die Frauenzeitschrift empfiehlt, sich langsam nach einem anderen
Partner umsehen.

Diese Regeln sind unumstößlich und ewig gültig, können aber auch immer wieder kreativ umgestaltet werden. So ist die gute alte Rache zwar einem Sprichwort zu
Folge »ein Gericht, das kalt genossen werden sollte«, aber
der Rachegedanke und die Racheplanung können in den
trüben Zeiten des schwersten Liebeskummers doch ein
wenig für Entlastung sorgen. Allerdings ist auch hier
Verhältnismäßigkeit geboten. Auf welche kulturellen
Vorgaben können wir uns da berufen? Der Liebesfilm
bietet wenig Brauchbares für den Alltag: Die Betrogene
oder Verlassene dringt in die Wohnung des Ex ein, zer-
schneidet seine Hemden, Pflanzen, Poster, setzt die Kü-
che unter Wasser, schreibt kompromittierende Mails von
seinem Rechner aus – wenig subtil und auch unter unserer Würde. Aber fällt die Rache allzu subtil aus, verfehlt
sie ihre Wirkung so wie im folgenden Fall.

Nachdem sich T. endlich von ihrer unguten Beziehung,
dem unwürdigen Ex, der fortan nur noch »der DJ-Depp«
genannt wurde, getrennt hatte, wollte sie Rache nehmen. Der gemeinsame Hausstand musste aufgelöst werden, sie zog aus und ließ den DJ-Deppen in der Wohnung
zurück. Und hatte sich eine großartige Strategie über-
legt: Aus Rache wollte sie einfach eine sperrige Kommode in der Wohnung stehen lassen. Euphorisch legte

sie der Paarkritikerin ihre hervorragenden Idee dar. Diese hatte Bedenken: Wird sich der DJ-Depp wirklich über die »Rachekommode« ärgern? Wird es ihn wirklich innerlich zermürben, immer wieder mit der nicht abgeholten Kommode konfrontiert zu werden? Wird er deshalb therapeutische Hilfe suchen müssen? Wohl kaum.

»Doch! Nämlich dann, wenn die Rachekommode eine dreiteilige Frisierkommode mit einem schweren Spiegel ist!«, gab T. triumphierend zur Antwort.

T.s Plan ging leider nicht auf. Bei einer Kontrollfahrt durch ihre alte Neuköllner Straße sah sie ihre Rachekommode wieder. Der DJ-Depp hatte sie einfach auf die Straße gestellt.

Allgemein kann beobachtet werden, dass eine neue Zeit der Liebeskummerbewältigung angebrochen ist. Immer mehr Menschen, dabei mehr Frauen als Männer, gehen bei einem ganz normalen, ordinären Liebeskummer zum Therapeuten.

»Wer heilt, hat recht«, lautet ja ein altes Sprichwort von Paracelsus oder aus der Alternativmedizin. Aber ist der durchschnittliche Liebeskummer in den letzten Jahren so viel schlimmer geworden, dass jetzt auch relativ stabile Menschen sich nach einer Trennung in ärztliche Fürsorge begeben müssen? Oder ist die Liebeskummer-Therapie zu einem Lifestyle-Produkt geworden, beworben durch »Ally McBeal« und andere Serien, deren Titelhelden ständig zum Psychiater rennen?

In Berlin gibt es sogar die Dienstleistungsfirma »Die Liebeskümmerer«. Eine auf Liebeskummerkranke spezialisierte Agentur organisiert zu stolzen Preisen Gruppen-, Wellness- und Gourmetreisen in Vier-Sterne-Hotels plus psychologische Beratung, Gruppengespräche und Freizeitangebote. Wenn es denn nützen würde, o.k. – aber eine Woche gut essen, spazieren gehen und reden, und alles ist geritzt? Das ist zu bezweifeln.

Über die »normale« Länge des Liebeskummers streiten sich ja Betroffene und die Fachwelt. »Wie lange dauert es noch?«, jammert der Patient, »genauso lange, wie die Beziehung gedauert hat, oder halb so lange?« Fachleute gehen davon aus, dass man vier lange Jahreszeiten mit ihren jeweiligen Erinnerungen überstehen muss, bis man annähernd über eine Trennung hinweg ist. Und die seelische Veranlagung, die Tiefe der Beziehung, der Grad der Verletzung und Enttäuschung spielen natürlich auch eine Rolle.

Nachdem also organisierte Single-Reisen zur Partnervermittlung angeboten werden, das »Romantikhotel« zur Beziehungsfestigung gebucht werden kann, gibt es nun auch Liebeskummerreisen für das traurige Ende. Und mit ihnen wird ein weiterer bislang intimer Zustand mit den Mitteln der Eventkultur vulgarisiert.

Auch der römische Dichter Ovid riet in seinen »Heilmitteln gegen die Liebe« den von Liebeskummer Gepeinigten zur Geselligkeit und zum Meiden der Einsamkeit. Er gab aber auch den guten Ratschlag: »Gib' deinem leeren Geist eine Aufgabe, die ihn packe!«

Lob der Statistik

Ein weiterer Trost kann für frisch Getrennte auch in der Statistik liegen. »Das Junggesellendasein ist gefährlicher

als die Atomkraft«, verkündete der türkische Energie-
minister Yildiz, als er trotz Fukushima das erste Atom-
kraftwerk in der Türkei bauen wollte. Aber wir und die
Statistik wissen es besser: Schlussmachen geht praktisch
immer und ist für Frauen gesünder als eine Beziehung!
Yildiz hatte sich mit seinem gewagten Vergleich auf soziologische Studien aus den USA bezogen, wonach unverheiratete Menschen im Schnitt sechs Jahre früher
sterben als Verheiratete. Die Atomkraft verkürze das
Leben statistisch gesehen aber nur um 0,03 Tage.
»Ich vertraue nur Statistiken, die ich selbst gefälscht
habe«, soll Winston Churchill einst gesagt haben. (Mittlerweile wird in vielen Publikationen darauf hingewie-
sen, dass dieses in England völlig unbekannte Zitat nicht
von Churchill stammt, sondern ihm wahrscheinlich vom
deutschen Propagandaministerium unter Goebbels angedichtet wurde.) Aber das Zitat hat trotzdem recht!
Gerade zum Themenfeld Liebe, Ehe und Sex werden
dauernd neue Statistiken veröffentlicht, man findet sie
in Apothekenheftchen und Adelspostillen, im »Focus«
und auf »Spiegel-Online«, und sie sagen: Verheiratete leben länger, Ehe macht glücklich, Küssen ist gesund.
Auch der Soziologe Stefan Hradil behauptete im »Spiegel«, das Singledasein sei eine riskante Lebensform. Singles hätten zwar größere Netzwerke, mehr Freunde und
Bekannte, aber im Alter wären sie dann doch auf sich alleine gestellt. Die befragten Singles von heute würden
sich im Alter in einer »Senioren-WG« sehen, dazu gebe es
heute aber noch keine Untersuchungsergebnisse.
Tatsächlich wirkt sich die Ehe auf die Gesundheit der
Eheleute aus, aber das geschlechtsspezifisch. Verheira-

tete Männer leben länger und gesünder als unverheiratete, Frauen wiederum geht es gesundheitlich besser, wenn sie alleine leben.

Zu diesem Ergebnis kam schon vor Jahren eine Harvard-Studie. Auch das Helmholtz-Forschungszentrum für Gesundheit stellte bei Singlemännern ein erhöhtes Diabetesrisiko fest, bei Singlefrauen nicht. Die Kent University Ohio fand heraus: Eine unglückliche Ehe macht Frauen krank. Wogegen die Johns Hopkins University in Baltimore behauptete: Wer geschieden oder verwitwet ist, hat gegenüber Verheirateten ein um 20 % höheres Risiko für chronische Erkrankungen.

Aber die University of Chicago gab bekannt: Verheiratete Männer, die einen Herzinfarkt hinter sich haben, leben in Industrienationen acht Jahre länger. Männer ohne Partnerin sterben vor der Zeit. Frauen dagegen schöpfen auch ohne Partner ihre volle Lebensspanne aus. Die Cardiff University ergänzte: Frauen machen Männer gesund und werden selbst eher krank in der Ehe.

Neuseeländische Forscher haben vor kurzem entdeckt, dass Ehefrauen erheblich häufiger an psychischen Erkrankungen, an Migräne, Panikattacken und Depression leiden als Singlefrauen und Ehemänner. Zudem ist die Lebenserwartung verheirateter Frauen im Vergleich zu alleinstehenden anderthalb Jahre kürzer, während verheiratete Männer wiederum sieben Jahre länger als Singlemänner leben. Die University of Utah erforschte hingegen, dass unglückliche Ehen vor allem bei Frauen zu ungesunden Blutwerten und Übergewicht führen.

Die Gründe für diese geschlechtsspezifischen Unterschiede sind vielfältig. Ein Mann in einer Beziehung lebt gesünder, weil er öfter zum Arzt geht, gesünder isst und weniger Alkohol trinkt. Auch »Der Mann«, das »Wissenschaftliche Journal für Männergesundheit«, würdigt die Ehefrauen als Gesundheitscoaches, kümmern sie sich doch um Ernährung und Medikamentenpläne der Männer.

Andererseits ist bei Ehefrauen die Chance, depressiv zu werden, um einiges höher als bei Singlefrauen. Man könnte zwar denken, eine unglückliche Beziehung macht beide Eheleute depressiv, aber Frauen empfinden eine Beziehung schon als belastend und depressiv machend, wenn für Männer noch alles in Ordnung ist: Er genießt eine langjährige Partnerschaft, sie macht sich Sorgen für zwei.

Diese Statistiken werden vor allem unter alleinstehenden Männern stark angezweifelt. Verständlicherweise wollen sie nicht als Junkfood verdrückende Alkoholiker dastehen, die unfähig sind, sich selbst richtig zu ernähren und auf ihre Gesundheit zu achten. Der Singlemann von heute ist ja auch nicht mit dem alleinstehenden Mann im Seniorenalter, also aus der Nachkriegsgeneration zu vergleichen, der keine Mahlzeiten zubereiten kann und ohne weibliche Fürsorge verlottert.

Glaubt man aber den Umfragen in den aktuellen Singleuntersuchungen, so sind es immerhin noch 10 % der unfreiwilligen Singlemänner, die sich von einer neuen Liebe auch die Übernahme der Haushaltsführung erwarten. Sehr viele Singlefrauen mittleren Alters geben an, ihre Beziehung sei an mangelnder Aufgabenteilung im Haushalt gescheitert. Auch die aktuellen Kampagnen zur Männergesundheit und die Zahlen über Vorsorgeuntersuchungen, die Männer wahrnehmen, deuten nicht gerade darauf hin, dass jüngere Männer unter fünfzig gesundheitsbewusster und selbstverantwortlicher handeln.

Das führt uns zu der Frage, inwiefern sich die Bilder von Singlemännern und Singlefrauen in den letzten Jahren verändert haben, und zu den gängigen Singletheorien.

SINGLEFORSCHUNG

Die meisten Untersuchungen, die sich mit Singles beschäftigen, fragen erst einmal: Wer ist denn eigentlich
ein Single?
Denn da ist sich die Forschung nicht einig, die allgemein-
gültige und anerkannte soziologische Singledefinition
gibt es nicht. Grob gesagt sind Singles Menschen, die in
Einpersonenhaushalten leben. Aber was ist dann mit
den nicht alleine lebenden Partnerlosen und mit den
nicht zusammenwohnenden Pärchen und den partnerlosen Singles mit Kind? Mit jungen Singles, die noch bei
ihren Eltern leben, und mit zwei Singles, die zusammen
in einer Wohnung leben?
Der Soziologe Ronald Bachmann weist in seinem Buch
»Singles – Zum Selbstverständnis und zum Selbsterleben
von 30- bis 40-jährigen partnerlos alleinlebenden Männern und Frauen« 21 verschiedene Definitionen von Singles nach, deren kleinster gemeinsamer Nenner ist: Sie
führen keine dauerhafte Partnerschaft im gemeinsamen
Haushalt.
Single ist man nur, wenn man in der Familienphase
ist – also zwischen 25 und 55 Jahren alt –, aber allein lebt.
Partnerlose Alleinerziehende mit Kind sind manchmal in
den Singlestatistiken mit drin, manchmal nicht. Alleinerziehende Partnerlose, deren Kinder schon ausgezogen

sind, gelten wiederum als Singles. Auch Menschen, die eine Fernbeziehung führen oder aus anderen Gründen nicht zusammenwohnen, werden zu den Singles gezählt. Weil offizielle Singlestatistiken sich auf die Anzahl der Einpersonenhaushalte beziehen, wird die Zunahme der Alleinlebenden mit der Zunahme der Partnerlosigkeit verwechselt.

Die soziodemographische Forschung hat es bislang versäumt, die Entwicklung der Partnerlosigkeit zu erforschen, und so wird die eigentlich unbrauchbare Zahl der Einpersonenhaushalte von Kulturpessimisten gerne angeführt, wenn es gilt, die demographische Katastrophe heraufzubeschwören. Ihr Ziel ist dabei, das Bild der traditionellen Kleinfamilie aufrechtzuerhalten.

Wie Singles so sind

Man kann sich zwar nicht genau einigen, wer überhaupt Single ist, aber in Zeitschriften und Zeitungen, darunter besonders im »Focus« und in der »Welt«, wird immer wieder darüber aufgeklärt, wie Singles so sind. Einsam nämlich, unzufrieden, regelrecht verzweifelt sind sie.

Eigentlich sind aber Singles völlig unterschiedlich, das stellt auch Stefan Hradil in seiner Studie »Die Single-Gesellschaft« fest und gibt einen Überblick der sozialwissenschaftlich herausgearbeiteten Motivationstypologien von Singles.

Eva Jaeggi nennt »die Vorsichtigen«, »die Hoffenden« und »die Zufriedenen« als verbreitete Singletypen. Heide

Soltau kennt folgende Arten von Singles: »die Experimentierfreudigen«, »die Autonomisten«, »die Unzufriedenen«, »die Suchenden«, »die Abgeklärten«.

Sybille Weber und Claus Gaedemann unterscheiden zwischen vier Singletypen: »Egoistische Singles«, »Defensive Singles«, »Distanzierte Singles« und »Offensive Singles«.

Ronald Bachmann hält drei Motivationstypen auseinander: »Lonely Singlehood«, »Creative Singlehood« und »Ambivalent Singlehood«.

Hat man die Singles mit Mühe und Not halbwegs statistisch eingekreist, kommt die nächste grobe Einteilung der Singleforschung in freiwillige und unfreiwillige Singles.

Aber schon Beobachtungen im Umfeld zeigen, dass solch eine Trennungslinie schwer zu ziehen ist. Es gibt Singles, denen ihr Singleleben ab und zu seltsam und absurd erscheint, obwohl sie sich die meiste Zeit sehr wohl dabei fühlen.

Und eine große Gruppe der Alleinstehenden hätte wohl nichts dagegen, sich zu verlieben, aber nicht um jeden Preis. Sie sind lieber allein, als allzu viele Abstriche und Kompromisse machen zu müssen. Das wird wiederum vor allem von konservativen Singleforschern als moderner Egoismus angesehen. Es könnte aber auch einfach damit zu tun haben, dass Frauen nicht mehr auf einen Versorger angewiesen sind und es nicht unbedingt nötig haben, sich einer Pärchenideologie unterzuordnen, die sie mehr oder weniger versklavt. Wem das zu ideologisch klingt: Wenn der Leidensdruck nicht groß genug ist, warum sollten sich Menschen ohne Not in die Zwänge der Zweisamkeit begeben und ein unschöneres, unfreieres Leben führen?

Diese Beobachtung wird auch durch die Untersuchungen von Bachmann gestützt. Er führt aus, dass das Extrem der »leidenden Unfreiwilligkeit« am ehesten bei geschiedenen Männern vorkommt, das andere Extrem des »freiwilligen, euphorischen Singles« bei vielen ledig gebliebenen Männern und einigen geschiedenen Frauen zu finden ist. Die große Mehrheit der Singles weist bei der Lebensführung Motive zwischen beiden Polen auf. 85 % aller Singles möchten für die eigene Zukunft eine erneute Paarbindung nicht ausschließen, auch wenn Vorbehalte gegen ihre Realisation bestehen. Bachmann beobachtet biographische Prozesse bei Singles, die über längere Zeit alleine leben, und sieht nach der ersten Phase der Euphorie oder Verzweiflung ein Sich-Einrichten im Singlestatus. Dabei tritt eine Stabilisierung ein, in der immer mehr positive Erfahrungen gemacht werden – dadurch wachsen die Ansprüche an den möglichen Beziehungspartner, und die Kompromissbereitschaft sinkt.

Wer aber nicht um jeden Preis einen Partner braucht, wer alleine lebt und nicht so verzweifelt ist, dass er sich auf jedes Angebot einlässt, der gilt dann als allzu wählerisch. Und selbst wenn für diesen uneinsichtigen Single im Moment noch alles in Ordnung ist, im Alter wird er es bereuen!

Armer Singlemann, arme Singlefrau

Während man früher dem alleinstehenden Mann eher positiv heldenhafte Attribute als Freigeist, Cowboy, Rebell, einsamer Wolf, Krieger, Odysseus zuwies, wird er heute gern als ewiger Junggeselle, verkappter Schwuler, verklemmter Einzelgänger, Muttersöhnchen, Workaholic, Egoist, Sonderling und Hagestolz diskriminiert, als impotent, bindungsunfähig, emotional verarmt und verhaltensgestört.

Bei den Frauen gibt es die Alternative zwischen Alte Jungfer und Spätes Mädchen: zu alt, nicht attraktiv genug, keinen abbekommen, zu stolz, neurotisch, zickig, zu eingebildet, sitzengelassen. Karrierefrau – aber einsam.

Bislang war es so, dass Männer wegen ihrer Unabhängigkeit beneidet wurden, Frauen hingegen bemitleidet, weil sie keinen Partner abgekriegt haben. Durch das Aufleben der alten Familienwerte und den inszenierten Kampf »Familien gegen Singles« werden jetzt aber auch alleinstehende Männer an den Pranger gestellt. Singles beiderlei Geschlechts gelten als gleich egoistisch und sozial verantwortungslos. Sie sind schuld, wenn die Deutschen aussterben, und beanspruchen für ihr lockeres Leben auch noch Wohnraum, den die Familien dringend brauchen. Obwohl Singles höhere Lebenshaltungs- und Mietkosten aufbringen müssen, diskutierte man sogar eine Sondersteuer für Kinderlose und das Familienwahlrecht.

Kulturpessimistische Kleinfamilienbewahrer warnen vor der Singlegesellschaft – es ist überall eine mangelnde Akzeptanz des Singledaseins zu beobachten.

Die Stereotypen und Vorurteile sind langlebig und dauerhaft, und Singles leiden unter den Klischees, die über sie im Umlauf sind. Es herrscht noch längst keine Anerkennung der Ehe- und Partnerlosigkeit als gleichwertiger Dauerlebensform, und noch immer werden Frauen stärker in die Defensive gedrängt als Männer.

Da können noch so viele fetzige Singleromane erscheinen und »Sex and the City«-Nachfolgerserien gedreht werden – solange die Bridget Jones' und Carrie Bradshaws am Schluss zielstrebig in den sicheren Hafen der Ehe einlaufen und zum Happy End die Hochzeitsglocken läuten, tragen diese vermeintlich modernen Singlegeschichten auch nur dazu bei, Klischees zu verfestigen und die Paarideologie hochleben zu lassen.

Dabei war man, was das Akzeptieren verschiedener Lebensstile angeht, doch schon einmal viel weiter.

Die Singlebewegung in den USA

In den USA gab es in den siebziger Jahren des letzten Jahrhunderts eine große Singlebewegung. Aber die Errungenschaften dieser Zeit fielen dem »Backlash« der Achtziger, dem Erstarken der konservativen Familienwerte, zum Opfer. Seit den neunziger Jahren kann man gar von einem Kulturkampf um Ehe und Familie sprechen, der sich infolge der Ereignisse des 11. September 2001 noch verschärft hat.

Der Soziologe Bernd Kittlaus gibt auf seiner Website single-generation.de einen Überblick über die Singlebewegung in den USA.

190

In den fünfziger Jahren, dem »Golden Age of Marriage«, galt das Unverheiratetsein als abweichende Lebensform und ein unverheirateter Mann als emotional unreif oder latent homosexuell. Junggesellen über dreißig wurde eine Psychotherapie empfohlen, und man diskutierte, ob es Junggesellen gesetzlich verboten werden sollte, Schulkinder zu unterrichten.

Die negativen Bezeichnungen für Unverheiratete wie »Bachelor«, »Spinster«, »Old Maids« (Junggeselle, alte Jungfer, spätes Mädchen) wurden erst in den sechziger Jahren durch den Begriff »Single« abgelöst, als durch den Wandel zur Dienstleistungsgesellschaft die Rahmenbedingungen für die Singlekultur in den amerikanischen Metropolen geschaffen wurde. Die Frauenerwerbstätigkeit nahm zu, jüngere Unverheiratete zogen in die Innenstädte, die wohlhabenden Mittelklassefamilien in die Suburbs. Helen Gurley Brown entwarf in ihrem Bestseller »Sex and the single girl« von 1962 das Bild einer bewundernswerten, unverheirateten Frau, die sowohl im privaten Leben wie auch im Berufsleben Erfolg hat.

Singlegerechte Wohnanlagen und Single-Bars entstanden als Ausdruck der neuen Single-Kultur. Die sexuelle Revolution der sechziger Jahre brachte den »Swinging Single« hervor.

Mit der Frauenbewegung der siebziger Jahre wurde zum ersten Mal die Institution der Ehe und die heterosexuelle Paarbildung in Frage gestellt. Befürworterinnen des Singlelebens meldeten sich zu Wort und propagierten das Unverheiratetsein als befriedigendere Lebenssituation, stellten die Mutterrolle in Frage und sahen Kinderlosigkeit als Option.

Die amerikanische Familiensoziologin Jessie Bernard spricht in ihrem Buch »Über die Zukunft der Ehe« (1972) von zwei Ehen, zwischen denen unterschieden werden muss: His Marriage / Her Marriage, die Ehe des Mannes und die seiner Frau. Diese beiden Ehen verlaufen selten konform. Bernard kommt in ihren Untersuchungen zum Schluss, dass Männer von der Ehe eher profitieren, während Frauen eher unter ihr leiden, depressiv und krank werden. Im statistischen Vergleich von männlichen und weiblichen Ledigen über dreißig geht es den unverheirateten Frauen am besten. Auch die Feministin Caroline Bird kam in ihrem einflussreichen Artikel »Women should stay single« zu dem Schluss, dass Singlefrauen im mittleren Lebensalter intelligenter, gebildeter, gesünder und glücklicher als verheiratete Frauen und gleichaltrige Singlemänner sind.

Bald nahm sich die »Single-Industrie« des neuen Lebensstils an, stellte sich auf die Bedürfnisse von Unverheirateten ein und erfand in den achtziger Jahren den Yuppie – den »young urban professional« – als Synonym des Singles. Yuppies waren Singles, die in den luxuriösen Lofts der Großstädte wohnten, in Bistros brunchten und ihr vieles Geld für Markenartikel, trendy Sportarten und Fernreisen ausgaben.

Fast gleichzeitig wurden in den Medien mit dem Schreckgespenst des »marriage squeeze« (Heiratsengpass) die Nachteile des beruflichen Erfolgs und der lockeren Lebensweise heraufbeschworen. Die Singlefrau wurde zur bedauernswerten heiratswilligen Karrierefrau umgeschrieben, die keinen passenden Mann findet.

Diese Umschreibung begann mit der sogenannten Harvard-Yale-Heiratsstudie und erreichte ihren Höhepunkt mit Veröffentlichung der Titelgeschichte »Too late for Prince Charming« im Nachrichtenmagazin Newsweek. In dem Artikel wurde der 40-jährigen unverheirateten Karrierefrau bescheinigt, dass ihre Aussichten, noch einen Ehemann zu finden, geringer seien, als von einem Terroristen erschossen zu werden. Bei einer 35-Jährigen lägen die Chancen auf Verheiratung immerhin noch bei 5 %. Die Diskussion und der Terrorismusvergleich wurden auch in der Belletristik weiterverarbeitet, und die Statistik fehlt bis heute in keinem Singleratgeber.

Susan Faludi führt in ihrem Buch »Backlash – The Undeclared War Against American Women« aus dem Jahre 1991 aus, wie diese Erfindung des Heiratsengpasses zum Rückschlag für die feministische Bewegung wurde. Mit fragwürdigen Statistiken und dem Drohbild von der tickenden biologischen Uhr wurde das Bild der »alten Jungfer« reinstalliert, um die Errungenschaften des Feminismus rückgängig zu machen.

In der heutigen Paargesellschaft ist die Paarbeziehung Pflicht und Regel, dabei sieht doch die Wirklichkeit ganz anders aus! Dabei ist doch jeder – außer den Beziehungshoppern und Kettenbeziehungsfans – einmal für kürzere oder längere Zeit allein.

Die traditionelle Darstellung der Beziehungen zwischen Mann und Frau hinkt trotz ihrer massiven Verbreitung durch Medien und Werbung ihrer Zeit hinterher. So bleiben längst überholte Modelle in der kollektiven Vorstellung weiterhin haften.

Alleinleben wird meistens als Folge einer missglückten Beziehung angesehen – und nicht als freie Entscheidung. Wer allein lebt, hat keinen oder keine abgekriegt – Alleinleben ist der Weg in Askese und Unglück. Also besser eine unglückliche Beziehung als gar keine. Gesellschaftlich steht man unglücklich, aber gebunden, besser da. Und kann auf großes Verständnis hoffen. Eine unbefriedigende Beziehung, das kennt jeder, da kann jeder mitreden. Aber allein sein, das ist schlimm. Warum?

Auf einen alleinstehenden Menschen wird die eigene Wahrnehmung der Einsamkeit projiziert. Wer selbst nicht allein sein kann, denkt, es muss auch für andere total furchtbar sein. Das Alleinsein ist also etwas absolut Negatives für diejenigen, die nicht allein leben, weil sie es nicht ertragen würden. Sie haben nie erfahren, dass es eine angenehme und produktive Einsamkeit gibt, dass man ohne Beziehung nicht auf Gefühle verzichten muss.

Für Jüngere kann die Verzweiflung über das Alleinsein größer sein. Das Selbstbewusstsein ist noch nicht allzu ausgeprägt, man sitzt noch mehr den Versprechungen und Normen der Paargesellschaft auf: Ohne Freund oder Freundin bist du nichts, das haben schon die Teenager verinnerlicht. Und jede Fernsehserie, jedes HighSchool Musical, jeder Popsong singt das gleiche Lied.

Dann gibt es noch das verbreitete Bild des Mannes in der Midlife-Crisis, der sich eine wesentliche jüngere Frau sucht und die gleichaltrige Ehefrau verlässt. Aber wenn man die Erfahrungsberichte der Psychologen und Paartherapeuten durcharbeitet, sieht es anders aus: Zwei Drittel der Scheidungen gehen auch in diesem Altersabschnitt von Frauen aus.

In neueren Untersuchungen über Scheidungsursachen wird angeführt, dass Frauen höhere Erwartungen an ein »gutes«, emotional ausfüllendes Zusammenleben stellen und deshalb eher als Männer mit ihrer Ehe unzufrieden sind.

Die Soziologin Elisabeth Beck-Gernsheim stellt in ihren Untersuchungen fest, dass Hoffnungen, die Männer und Frauen mit dem Stichwort Liebe verbinden, an wichtigen Punkten nicht übereinstimmen. Zu solchen geschlechtstypischen Unterschieden gehöre vor allem, dass Männer mehr die instrumentelle Seite von Liebe und Ehe betonten, die Versorgung im Alltag, »dass alles gut läuft«. Frauen legten dagegen weitaus mehr Nachdruck auf Gefühle und innere Nähe, auf das »sich gut verstehen«.

195

Beck-Gernsheim erklärt sich die erhöhte Scheidungsfreudigkeit bei Frauen mit folgender Formel: Im Enttäuschungsfall gaben früher die Frauen ihre Hoffnungen auf. Heute dagegen halten sie an den Hoffnungen fest – und geben die Ehe auf.

Frauen um die fünfzig bleiben lieber allein, selbst wenn sie nach der Scheidung einen neuen Partner haben, wollen sie zumindest nicht in eheähnlichen Verhältnissen zusammenleben. Wollen keinen mehr versorgen, sich nicht mehr um Männer in der Beziehung kümmern müssen. Sind der Gefühlsarbeit müde. Endlich allein! Außerdem stehen sie nicht mehr unter dem gesellschaftlichen Druck, sich fortpflanzen zu müssen. Eigentlich ist es die perfekte Zeit, das Leben allein zu genießen.

Nun können ja nicht alle, die an der Paargesellschaft verzweifeln, abwarten, bis sie fünfzig sind. Wer jung ist, will natürlich auch mal Teil eines Pärchens sein, will vielleicht Kinder und glaubt, dazu brauche man unbedingt einen Partner. Wer jung ist, will das Zusammenleben und die Sache mit der romantischen Liebe zumindest mal ausprobieren Die Liebe ist ja eine starke Ideologie, ein süßes Gift, dem schwer zu widerstehen ist.

Emile Durkheim schreibt in »Der Selbstmord« über die Ehe, dass sie dem Menschen Ruhe und inneren Frieden bringe, weil sie seinen Horizont begrenze und seinen Wünschen einen Riegel vorschiebe. Sie fördere sein »moralisches Gleichgewicht«.

Das kann ja auch für viele Menschen eine Möglichkeit sein. Andere verzweifeln an dieser Begrenzung, wollen ihren Wünschen keine Riegel vorschieben – bürgerliche Zweisamkeit ist ihnen ein Gräuel.

WHATEVER WORKS!

Wer sich trotzdem zumindest zeitweise auf das Konstrukt Liebe einlassen will, ohne gleich in der Pärchenhölle zu versauern, muss sich immer wieder fragen: Gibt es einen Ausweg, ein modernes, alltagstaugliches Liebeskonzept? Gibt es Alternativen zur allgegenwärtigen Pärchenlüge, gibt es Beziehungen, in denen der Partner als Bereicherung, nicht als Rettungsanker gesehen wird? Da bleibt auch der Paarkritikerin nichts übrig, als ein fröhliches »Whatever works!« in die Runde zu werfen.

Die Patchwork-Liebesbiographie verspricht im Gegensatz zur traditionellen Ehe immerhin ein wenig Abwechslung, aber die serielle Monogamie kann auch zu dem erschöpfenden Gefühl führen, man müsse immer wieder von vorne anfangen.

Die Trennung von Sexualität und Partnerschaft bedeutet meistens immer noch eine patriarchalische Form von Sexualität. Wer die Paarbeziehung auf verschiedene Partner aufsplitten kann – für Sex, für Sport, fürs Essengehen, Urlaub, Gespräche und Konzerte –, hat mehr Abwechslung, aber auch weniger Intimität zu erwarten.

Die zunehmende Zahl der »Asexuellen« verzichtet ganz auf geschlechtliche Beziehungen zu anderen Menschen, wobei Asexuelle ja keinen Mangel leiden, weil sie keinerlei sexuelle Bedürfnisse verspüren. Dafür leiden die Sexlosen unter dem kulturellen Druck in einer Gesellschaft, in der nicht nur Liebe, sondern auch Sex überbewertet wird.

Vielleicht ist die Polyamorie der Ausweg aus der Pärchenmisere? In den letzten Jahren sind einige Sachbücher zum Thema erschienen, auch wurde es in Spielfilmen behandelt. Da könnte man vermuten, die »Vielliebe« wäre die Liebesform der Zukunft.

Polyamorie nennt man die Praxis, vertrauensvolle und langfristige Liebesbeziehungen zu mehr als einem Menschen zu unterhalten, und zwar mit Wissen und Einverständnis aller Beteiligten – wodurch sich die Polyamorie von der Promiskuität unterscheidet. Um gleichzeitige Beziehungen zu mehreren Menschen zu ermöglichen, gelten Offenheit, Ehrlichkeit, Vertrauen und Kommunikation unter polyamoren Menschen als grundlegende Umgangsformen. Alle Beteiligten wissen stets über alle Verflechtungen Bescheid und geben dazu ihr Einverständnis – was die Polyamorie auch zu einer aufreibenden, anstrengenden Liebesform machen kann, da alles immer wieder ausgehandelt werden muss. Oliver Schott, Autor des Sachbuchs »Lob der offenen Beziehung« sagt, »Polyamorie verspricht kein Happy-End«, und tatsächlich sind auch in einer fragwürdigen Facebook-Umfrage die Polyamourösen die Unglücklichsten – noch unglücklicher als die unfreiwilligen Singles und die Pärchen. Vielleicht antworten sie aber auch nur ehrlicher? In der Wochenzeitung »Jungle World« wurde eine Debatte darüber geführt, wie »links« Polyamorie ist, beziehungsweise, ob die Polyamorie nicht gerade die passende Beziehungsform für den Neoliberalismus ist. Schließlich erlaube sie, vielfältigere Beziehungen zu pflegen, und vereinfache es daher, das Privatleben mit dem Gebot der Flexibilität und unsteten, mehrfach gebrochenen Karrierewegen in Einklang zu bringen.

Wer sich aus alldem raushält und allein lebt, braucht aber nicht auf ein reges Gefühlsleben verzichten. Denn das lässt sich auch außerhalb einer Beziehung finden: durch vielfältige Kontakte, durch intensive Freundschaften, aufreibende Seelenverwandtschaften, herzliche Kameradschaften, solidarische Nähe, Freundinnenverbände, in der Gruppe, Clique, in der WG, im Freundesschwarm.

LIEBE WIRD OFT ÜBERBEWERTET
Lassie Singers (1995)

Liebe wird oft überbewertet
Liebe ist nicht so wichtig, wie man denkt
Liebe ist nur ein Teilaspekt des Lebens
Und die anderen Teile sind auch nicht schlecht

Überflüssige Liebeslieder
Falsch und schlecht und laut
Tun so als wär das Leben auf der Sehnsuchtsbasis aufgebaut
Und das stimmt nicht, das ist ganz falsch, denn:
Liebe wird oft überbewertet ...

Überflüssige Liebesfilme – Handlung unwahrscheinlich
familienfixiert
Jugendliche werden so darauf konditioniert, dass das Leben
nur als Paarbindung funktioniert
Und das stimmt nicht, das ist ganz falsch

Überflüssige Werbefilme, Pärchenromantik-Ergiffenheitssex
Partnervermittlung wird immer obszöner und fragt:
Wäre Fernsehen zu zweit nicht viel schöner?
Nein! Pfui Teufel! Denn:

Liebe wird oft überbewertet ...

Liebe – ist gar nicht wichtig
Liebe – ist Baldrian fürs Volk
Liebe – ist frei erfunden, ist tautologisch, nämlich:
Liebe – was soll das?

LITERATURHINWEISE

Anonymus: Die Fünfzehn Freuden der Ehe. Berlin 1998

Barthes, Roland: Fragmente einer Sprache der Liebe. Frankfurt / Main 1988

Beck, Ulrich; Beck-Gernsheim, Elisabeth: Das ganz normale Chaos der Liebe. Frankfurt / Main 1990

Bergmann, Martin S.: Eine Geschichte der Liebe. Frankfurt / Main 1999

Bernard, Jessie: The Future of Marriage. Harmondsworth 1976

Burkart, Günter; Hahn, Kornelia: Liebe am Ende des 20. Jahrhunderts. Opladen 1988

Burscheid, Peter; Teuteberg, Hans-Jürgen (Hrsg.): Ehe, Liebe, Tod. Münster 1983

Caruso, Igor A.: Die Trennung der Liebenden. Bern und Stuttgart 1974

De Beauvoir, Simone: Das andere Geschlecht. Sitte und Sexus der Frau. Reinbek 1983

Defoe, Daniel: Der rechte Gebrauch und Missbrauch des Ehe-Bettes. Lightning Source UK Ltd 2011

Faulstich, Werner: Beziehungskulturen. Paderborn 2007

Faludi, Susan: Backlash. Die Männer schlagen zurück. Reinbek 1995

Fromm, Erich: Die Kunst des Liebens. Frankfurt / Main 1956

Jaeggi, Eva; Hollstein, Walter: Wenn Ehen älter werden. München 1985

Giddens, Anthony: Wandel der Intimität. Liebe und Erotik in modernen Gesellschaften. Frankfurt / Main 1993

Illouz, Eva: Der Konsum der Romantik. Liebe und die kulturellen Widersprüche am Ende des 20. Jahrhunderts. Frankfurt / Main 2003

Kemper, Peter; Sonnenschein, Ulrich: Das Abenteuer Liebe. Bestandsaufnahme eines unordentlichen Gefühls. Frankfurt / Main 2004

Klotter, Christoph: Liebesvorstellungen im 20. Jahrhundert. Gießen 1999

Luhmann, Niklas: Liebe als Passion. Zur Codierung von Intimität. Frankfurt / Main 1982

Maiwald, M.; Schreiber, A.: Die biologischen Grundlagen von Paarverhalten. Eine Übersicht biopsychologischer Konzepte. In: Amelang, Manfred u. a. (Hrsg.): Grundlagen partnerschaftlicher Beziehungen. Göttingen, Bern, Toronto, Seattle 1995

Meier, Heinrich (Hrsg.): Über die Liebe. Ein Symposion. München 2001

Ovid: Remedia amoris / Heilmittel gegen die Liebe. Stuttgart 1992

Kreps, Bonnie: Abschied vom Märchenprinzen. Eine Abrechnung mit der romantischen Liebe. Frankfurt / Main 1994

Schmölders, Claudia (Hrsg.): Die Erfindung der Liebe. Berühmte Zeugnisse aus drei Jahrtausenden. München 1996

Sigusch, Volkmar: Neosexualitäten. Über den kulturellen

Wandel von Liebe und Perversion. Frankfurt / Main
2005

Simmel, Georg: Schriften zur Philosophie und Soziologie
der Geschlechter. Hrsg. v. H. J. Dahme, K. Köhnke.
Frankfurt / Main 1985

Rosenbaum, Heidi (Hrsg.): Seminar Familie und Gesellschaftsstruktur. Materialien zu den sozioökonomi-
schen Bedingungen von Familienformen. Frankfurt /
Main 1988

Stendhal: Über die Liebe. Frankfurt / Main 2007

ABBILDUNGSNACHWEISE

Dank für Anregungen und Hinweise geht an: Katja Reichard, Christina Hoffmann, Sonja Eismann, Kirsten Küppers, Claudia Heynen, Christina Mohr, David Wagner, Iris Hanika, Corinna Haeger, Lillevan, Thomas Krüger, Tanja Göttken, Jan Müller, Gini Rösinger, Dorothea Tuch, Manuela Jörger, Beate Zimmermann, Ursula Tax.
Und natürlich an alle Bandkollegen, mit denen ich in den letzten Jahren auf vielen langen Autofahrten das Thema Liebe immer wieder besprechen konnte: Andreas Spechtl, Thomas Schleicher, Claudia Fierke, Stefan Pabst, Hans Unstern, Jens Friebe, Julie Miess, Barbara Wagner, Almut Klotz.